Peter Schmitt ist Musiker und promovierter Philosoph. In Musik und Schrift verarbeitet er den Weltzustand Technik und dessen Auswirkungen auf Mensch und Gesellschaft.

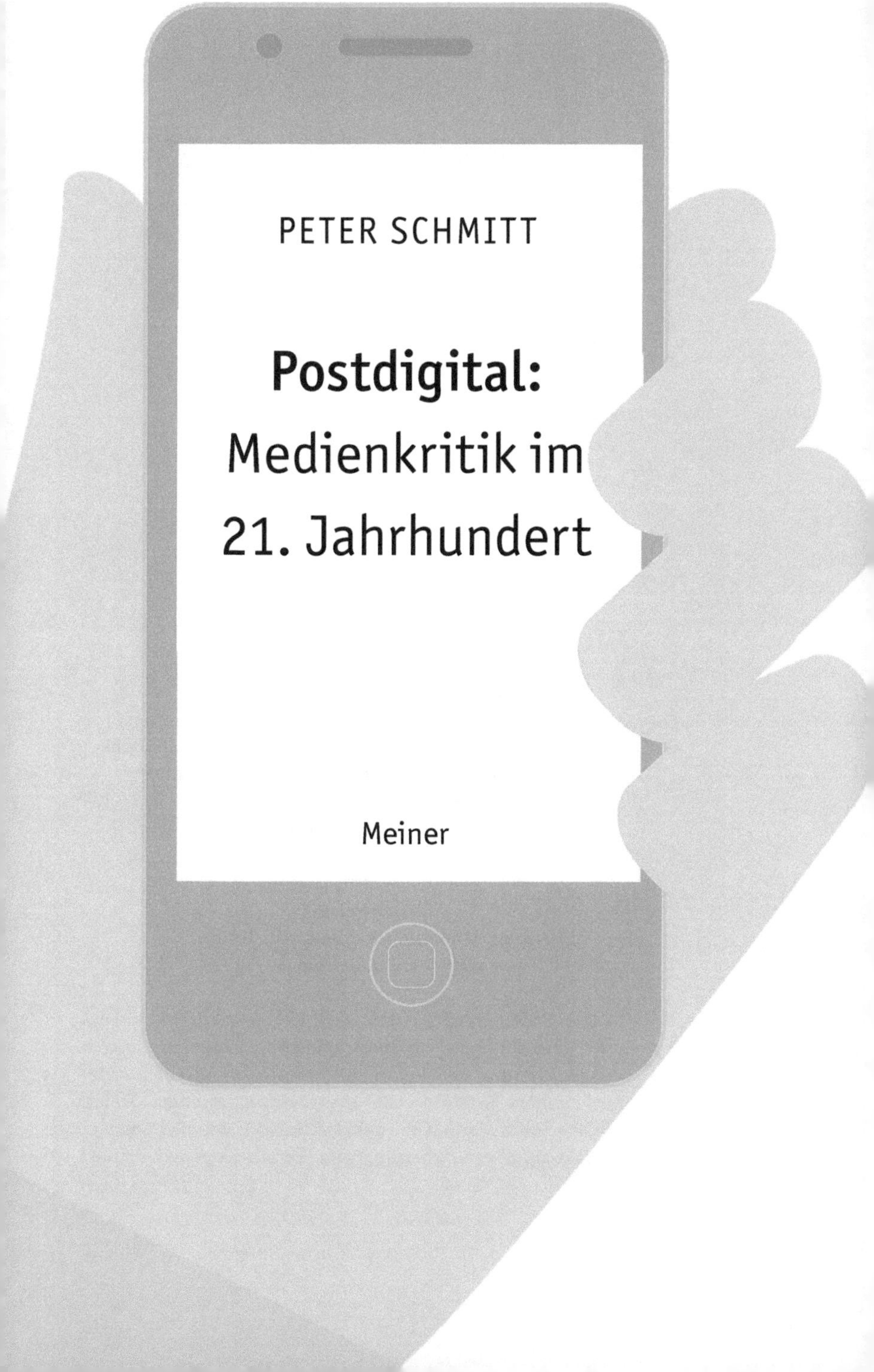

PETER SCHMITT

Postdigital: Medienkritik im 21. Jahrhundert

Meiner

Bibliographische Information der Deutschen Nationalbibliothek

Die Deutsche Nationalbibliothek verzeichnet diese Publikation in der Deutschen Nationalbibliographie; detaillierte bibliographische Daten sind im Internet über ‹http://portal.dnb.de› abrufbar.

ISBN 978-3-7873-3948-8
ISBN eBook 978-3-7873-3949-5

Bildnachweis
Umschlag: shutterstock (Shany Muchnik)
Seite 3: creazilla.com

 Gestaltung, Satz: Jens-Sören Mann. Gesamtherstellung: Beltz, Bad Langensalza. Gedruckt auf alterungsbeständigem Werkdruckpapier. Printed in Germany.

Inhalt

Prolog

Der Leiter des Persuasive Tech Labs der Stanford Universität stellte kürzlich folgende Prognose via Twitter ins Netz: »A movement to be ›post-digital‹ will emerge in 2020. We will start to realize that being chained to your mobile phone is a low-status behavior, similar to smoking«[1].

›Postdigital‹ verweist in dieser Prognose nicht auf eine nachdigitale Zeit ohne Computer und Internet – im Gegenteil. Es geht um ein neues Verständnis des Digitalen und ein damit zusammenhängendes neues Selbstverständnis der Anwender. Bildung (respektive »High-status«-Verhalten) der Zukunft wird zu einem beträchtlichen Teil auf dem kritischen Umgang mit den Bildschirmen beruhen. Das »Low-status«-Verhalten hingegen wird sich bei denen weiterhin festigen, die sich nicht auf die Entwicklung hin zu mehr kritischer Auseinandersetzung einlassen. Zwei grundlegende Charakteristika werden dem Postdigitalen vorausgesagt: ein technisches – das Verschwinden der Computer als Apparaturen und deren Implementierung in die Umwelt – und ein geistiges – das zu sich kommende Bewusstsein einer Gesellschaft über die unwahrscheinliche Lage, in die sie sich manövriert hat. Letzteres ist Thema des vorliegenden Buches. Es versammelt die wichtigsten Aspekte einer zeitgemäßen Medienkritik.

Der kritische Umgang selbst ist sicherlich keine Neuheit, in weiten Teilen der Gesellschaft jedoch unterschiedlich ausgeprägt und akzentuiert. Er folgt zumeist einer vagen Vermutung, einer diffusen Ahnung, dass etwas nicht stimmen könnte. Das ist nicht zufällig so, denn der Verdacht, dass etwas grundlegend falsch läuft, wird genährt durch die allgegenwärtigen und zur Normalität avancierten Absurditäten des digitalen Alltags:

Das gruselige Bild der massenhaft gesenkten Köpfe über den Bildschirmen, die vereinheitlichenden Massenapps, die endlose und leere Selbstbespiegelung ihrer Anwender, der Wegfall von informationeller Autonomie, die black-box-artigen Hochleistungsrechner in den Händen von Heranwachsenden und nicht zuletzt die Echtzeitvernetzung gewaltbereiter Milieus: sie verweisen letztlich auf einen Trend, an den sich viele – höchst nachvollziehbar – nicht gewöhnen wollen. Ziel dieses Buches ist aber nicht primär die Verurteilung, das Monieren eines negativen Zustandes. Vielmehr geht es um den unverstellten Blick, das genaue Hinsehen und die nachvollziehbare Analyse. Die Wirkungen der verlockenden und gleichzeitig unheimlichen Apparate, die wir so tief in unser aller Leben integriert haben, müssen rational beurteilt werden. Es geht also nicht primär darum, etwas (wie das Rauchen oder die Smartphonesucht) als schlecht darzustellen. Das wäre zu einfach. Keine Verteufelung der uns umgebenden Technik und keine ängstliche Schutzhaltung werden empfohlen, sondern eine fundierte kritische Haltung. Denn erst im Zuge einer tiefen Auseinandersetzung lässt sich eine selbstbewusste Einschätzung vornehmen, die uns als Menschen und als Gesellschaft weiterbringt.

Die Artikulation von Kritik selbst ist aus medientheoretischer Sicht vor allen Dingen eines: die Parteinahme für unser primäres Medium, die »Sprache«. Sie befindet sich schon seit einiger Zeit in der Defensive. Ein Grund ist der Siegeszug der binären Codierung. Diese umgibt uns heute wie eine zweite Natur und ihre Wirkung ist in allen Bereichen der Gesellschaft, bis in unsere intimsten Regungen hinein, zu spüren. Aus ihr folgt die Auflösung von semantischem Gehalt. Begriffe gehen nicht mehr in einer bestimmten Bedeutung auf. Die digitale Verrechnung löst zum Beispiel »das Besondere« auf und streut es überall hin. Paradigmatisch hierfür sind – wie in jeder Phase der kulturellen Umbrüche – die Künste: »Musik heute ist wie Gas, Wasser oder Strom. Wir drehen den Hahn auf und haben, was wir wollen. Der Gedanke, dass etwas interessant ist, weil es selten ist, verschwindet. Fast nichts ist besonders.«[2]

Erst langsam, dann immer schneller werdend rotieren Besonderheiten aller Art um ein hochfrequent rechnendes Vakuum, das alles zerkleinert und zur Zahlenkolonne schreddert. Emotionen verlieren sich darin, Freiheit wird zu invertierter Freiheit. »Jeden Tag erleben wir mehr Vielfalt als jemals zuvor. Aber sie ist nicht wirklich vielfältig.«[3] Nicht nur Musik, sondern alles medial Aufgearbeitete wird zwar virtuell facettenreicher, verliert real aber gleichzeitig an Kontur und Substanz. Als würde die Entwicklung sich selbst überspielen wollen, strahlt und schreit alles grell und laut aus den Bildschirmen und Lautsprechern. Vielfalt stürzt in ihr Gegenteil. Sie ist zwar da, aber eben nur als Ergebnis von Rechenleistung. Analoge Besonderheiten gibt es auch noch (und sie werden bleiben), verlieren aber in der Verrechnung automatisch an idiosynkratischer Qualität. Individualität steht zur Disposition, Gedächtnisleistung, Erkenntnis, Liebe.

Die totale Computerisierung entwickelt schon seit Jahren eine mahlstromartige Dynamik. Sie ist aber mittlerweile so unnachgiebig wie ein Schwarzes Loch. Sie zerrt uns alle in eine Existenzweise hinein, für oder gegen die wir uns nicht entscheiden können. Inhalte und die Wahrnehmung selbst wirbeln darin unaufhaltbar in die 0-te Dimension. Die Möglichkeiten sind darin unendlich und zugleich negiert. Nichts ist in ihr von Bestand. Der Satz lässt sich in Zeiten von juristischen Erwägungen zu maschinellem »Vergessen« aber auch umkehren. Einmal hochgeladen, bleibt es für immer bestehen. In solchen Widersprüchen bündelt sich die Gewalt des Umbruchs. Kann man überhaupt noch semantisch fassen, was passiert? Viele Begriffe verweisen mittlerweile sogar auf ihr Gegenteil: Gefühl wird zur Logik, Information zur Desinformation, Freiheit zum Zwang, Technik zum Mythos, Individualität zur Anpassung. Was hat das zu bedeuten?

Im Folgenden wird diese in vielerlei Hinsicht denkwürdige Entwicklung unter die Lupe genommen. Hierbei soll keine versteigene Sprachphilosophie anvisiert werden. Es geht um die konkrete Situation des Einzelnen und der Gesellschaft mit den zu jeder Zeit perfekt funktionierenden Maschinen. Letztere werden nicht nur genutzt. Ihre Programme werden nicht nur angewandt. Sie haben – auch wenn viele von uns das nicht wahrhaben wollen – einen massiven Einfluss auf unser Denken und Fühlen. Sie wirken mit ihrer bloßen physischen Präsenz. Sie prägen mit ihrer inneren Struktur. Sie machen uns, ohne dass wir es wollen, zu technoiden Wesen. Wichtig (oder mittlerweile vielmehr überlebenswichtig) ist es, hier, so oft es geht, einen Schritt zurück zu machen und sich das gesamte Bild anzuschauen. Die psychologische wie emotionale Notwendigkeit dieser Distanzierung macht die Erarbeitung einer fundierten Medienkritik wichtiger denn je.

Der Begriff »Medienkritik« selbst erscheint wie ein Relikt aus der Vergangenheit. Er wird gegenwärtig reduziert auf die populistische Verurteilung von Medienhäusern. Insofern üben Donald Trump und die AfD Medienkritik, wenn sie die Berichterstattungen großer Medienhäuser rügen.[4] Das eindimensionale Verständnis wird hier zum Anlass genommen, in die Tiefen der eigentlichen Bedeutung von Medienkritik vorzudringen. Dies beinhaltet den Rückbezug auf primäre Medien wie Sprache, Bilder und Musik. Dabei geht es nicht so sehr um die Inhalte, sondern um das eigentümliche Verhältnis des Menschen zu seinen Medien. Medienkritik – wie hier vorgestellt – bewegt sich in einem freien Feld zwischen Medientheorie, Anthropologie, Emotionsanalyse und Gesellschaftstheorie. Sie versteht sich als progressiv, obwohl (oder gerade weil) sie dort konservativ ist, wo es um die letzten Residuen von Freiheit geht. Was bedeutet eigentlich Freiheit im Zeitalter der fremdbestimmten Datenwolken?

Medienkritik ist Rückzugspunkt aus dem umfassenden digitalen Abhängigkeitsverhältnis, das heute jedem apriorisch zukommt. Sie ist Aufforderung zum Neinsagen. Sie ist Einladung zur genauen Analyse, zum gedanklichen Verweilen vor der Unwahrscheinlichkeit der Situation. Sie ist auch humanistische Philosophie und getragen von der Neugier auf die verborgenen Qualitäten des menschlichen Geistes selbst. Die werden leider immer mehr von dem computerisierten Wahnsinn, der uns umgibt, verdrängt. Ohne es zu wollen, befindet sich der sensible Einzelne im permanenten Kampf mit der Maschinerie. Der Kampf, die Tragik selbst werden überstrahlt von den stets verabreichten, bunt bewegten Verheißungen. Dabei geht es um nicht weniger als die Verteidigung des Menschen als souveränes und aufgeklärtes Wesen. Denn die umfassende Implementierung der digitalen Maschinen erzeugt eine neue Bedingung unseres Daseins. Sie wirft konkrete Fragen auf, die an unser Selbstbild und an unsere Emotionen rühren. Wie fühlen wir uns inmitten der totalen Verrechnung unseres Lebens? Was bedeutet Freiheit in permanenter digitaler Koexistenz? Welchen Wert hat heute noch ein Bild? Welchen Wert hat Musik? Ist der Mensch überhaupt noch das Subjekt der Geschichte? Oder wohnt er der technologischen Entwicklung nur noch ko-substantiell bei? Können wir beim Anwender der Massenprogramme noch vom Individuum sprechen?

Kapitel 1

Individualität

Verkehrsknotenpunkte des Allgemeinen

Individualität zeichnete sich schon immer durch die Unterscheidung vom Allgemeinen aus. »Das Individuum, das sich entfaltet und differenziert, indem es von dem Allgemeinen immer nachdrücklicher sich scheidet«[5], wird gegenwärtig ohne Pause in die Mechanismen der computergestützten Lebensführung eingeschliffen. Jeder streicht mit uniformer Lässigkeit über Touchscreens. Jeder installiert die identischen Apps, die identischen Updates. Das Besondere, »Nichtidentische« verschwindet sukzessive hinter den Benutzeroberflächen, den wesensgleichen Funktionen der Programme. Der Versuch, sich vom Allgemeinen zu scheiden, scheitert jäh mit dem gesenkten Blick auf den allzeit bereiten Bildschirm. Aus einem einfachen Grund: weil es jeder macht. Dabei generiert sich Individualität per Definition aus dem Rückzug von dem, was jeder macht. Der Mensch wird erst zum Individuum, wenn er sich von der un- bzw. überindividuellen Masse löst und sich seine unterscheidenden Merkmale bewusst macht. Der Grad der Bewusstheit bei der Loslösung von kulturellen Zwängen macht die Qualität seiner Individualität aus. Zum kulturellen Zwang, der von der Totaldigitalisierung ausgeht, lässt sich jedoch kaum Distanz aufbauen. Im Gegenteil: Die Maschinerie ist ein dem Individuum a priori zukommendes Moment.

Das Individuum als Einzelwesen, das sich als einmalige Kombination von Merkmalen begreifen, das auf eine komplexe und widersprüchliche Genese seiner selbst zurückblicken darf, gerät mit den flächendeckend genutzten Apparaten in einen Strom technologischer Gleichschaltung. Hier findet es sich ohne Körper und ohne Geruch wieder. Würde man die Körperfunktionen der digitalen Menschen in ihrer Proportionalität darstellen wollen, so käme eine Zeichnung heraus, auf der ein winziger Körper mit verkümmerten Gliedmaßen, mit gewaltigen Augen und Ohren abgebildet wäre. Augen und Ohren, auf einen virtuellen Kosmos gerichtet, in dem drei Gebote zu befolgen sind: 1. Produziere und konsumiere so viele Bilder, wie du kannst! 2. Höre ohne Unterlass online gestreamte Musik! 3. Mache dich bildhaft den anderen gleich! Und tatsächlich: Aus sicherer Entfernung mutet das Internet wie ein großes, wahnwitziges Projekt der audiovisuellen Gleichschaltung an. Ein Blick in ein beliebiges Profil eines beliebigen Anbieters genügt, um sich der streng algorithmisierten Monokultur zu vergewissern: Jeder verwendet das identische Programm auf identische Art und Weise.

Die bloße Tatsache des angewendeten Programms macht den Einzelnen ad hoc weniger individuell. Denn mit den zur Verfügung gestellten bunten Bausätzen gehen automatisch dieselben Nutzungsweisen einher, die im besten Fall gefühlsbetont und spontan (also ohne lästige gedankliche Reflexionsleistung) vonstattengehen. Schon früher zielten die Inhalte und Formate des Fernsehens und des Radios nur selten auf gedankliche Reflexion ab (»Individuum wird es erst als Denkendes«)[6], sondern direkt auf die Gefühlswelt. Die fast hypnotische Wirkung der sauberen Benutzeroberflächen, die angenehme Glätte des Touchscreens, die gefälligen Töne beim Klicken der Symbole, die Programme selbst, gespickt mit traumartig animierten Videosequenzen. Nicht die ratio, die kritische Distanz zum Gerät ist der Adressat der Inhalte, sondern die Emotionen, das Unbewusste. Gerade die distanzminimierenden Elemente, der »intuitive Gebrauch«, gelten als besonderes Zeichen von Qualität. Auch hier sind die Menschen scheinbar alle gleich. Jeder wendet gleich intuitiv die Geräte an. Nicht nur die Inhalte – also der über Spotify gestreamte romantische Popsong oder das geschmeidig animierte Game via Steam – laden die Anwender emotional auf, sondern auch die Apparatur selbst. Sie fühlt sich gut an, sieht gut aus. Sie liegt gut in der Hand, sauber und glatt. Sie funktioniert immer einwandfrei. Der Mensch hingegen erscheint vor dem digitalen Alleskönner wie ein tölpelhafter Saurier, wie ein veraltetes und makelbehaftetes Wesen aus einer anderen Zeit. Auf mehreren Ebenen wird dieses archaische Geschöpf in seiner kreatürlichen Befangenheit emotionalisiert. Zum einen bei der intuitiven Nutzung selbst, zum anderen über die hoch emotionalisierten Inhalte, die zu jeder Tages- und Nachtzeit konsumiert werden, und schließlich unterschwellig beschämt vor der Makellosigkeit der Apparate. Er selbst ist bedauernswert einzigartig und widersprüchlich. Insofern kann es dem unperfekten Einzelnen nur recht sein, dass die ihm apriorisch innewohnenden Eigenarten im digitalen Furor verschwinden. Wie von Geisterhand nivellieren sich dort Unterschiede nicht nur im konkreten Miteinander via Instagram.

Die Grundfunktion des Computers, die Verzifferung, steht für den Transfer von höchst diversen Inhalten in die 0-dimensionale, nackte Zahlenkolonne. Big Data steht insofern für das Sichauflösen von Grenzen, die einst zwischen einzelnen Sachgebieten klar zu ziehen waren. Geographie, Finanzen, Ästhetik, Kommunikation, Biologie – die GPS-Daten des Sommerurlaubs, die zuvor getätigten Online-Käufe, die nebenher gehörte Musik, die Kontodaten, der Chat mit der Nachbarin, der geschaute Porno, das Spielverhalten im Game, die unzähligen gescheiterten Selfie-Versuche, die Pränatalfotos, die gefilmte Geburt – alle Inhalte verschwimmen zu einem Datenkonvolut, das immer weiter anwächst und auf unabsehbare Zeit online steht. Der Mensch verliert hier an Individualität, ohne dass er es merkt. Die etymologische Perspektive auf lat. *individuum* – ›Unteilbares‹, ›Einzelding‹ – verweist in diesem Zusammenhang auf die geschlossene Einheit des einzeln Seienden. Sie wird über die hypostatische feinpixelige Visualität und komprimierte Akustik zerteilt. Zudem degeneriert die wertvolle Reifezeit hin zu realen Alleinstellungsmerkmalen zu fortschrittlicher Versiertheit bei der Maschinenbedienung. Das ausgehöhlte Konzept heutiger Individualität selbst wird zum Faktor sogenannter digitaler Identitätsarbeit. Nicht mehr vom

Individuum ist dabei die Rede, sondern bezeichnenderweise vom Anwender. Wie sehr der Begriff Anwender indes auf ein höchst unindividuelles Reagieren verweist und wie wenig die digitale Individualisierung noch mit wirklich individuellem Agieren zu tun hat, muss bei der Annäherung an eine zeitgemäße kritische Medientheorie betont werden. Denn das vermeintlich freie und individuelle Hantieren mit vorgegebenen Profilbaukästen und Kommunikationsbausteinen entspricht gegenwärtig noch viel mehr der Tendenz der Kulturindustrie, »das Bewusstsein des Publikums von allen Seiten zu umstellen und einzufangen«[7]. Individualität wird in dieser lückenlosen, ja hermetischen Umstellung des Bewusstseins des Einzelnen erst heute wirklich zu der Pseudoindividualität, von der Theodor W. Adorno vor gut sechzig Jahren sprach. Die bescheidet sich gegenwärtig mit oberflächlicher Verschiedenheit bei der Wahl des Fotos und der exaltierten Sprachnachricht auf WhatsApp. Hier wird immer deutlicher, dass die »Individuen gar keine mehr sind, sondern bloße Verkehrsknotenpunkte der Tendenzen des Allgemeinen«[8].

Digital verwaltete Welt

Und diese Äußerungen des Allgemeinen werden in jeder Serverfarm, jeder Cloud sauber gelistet, gespeichert und verwaltet. Mitte des letzten Jahrhunderts erkannten Adorno und sein Freund Max Horkheimer bereits eine eigenartige Verschwisterung der Kulturindustrie mit den Institutionen der Verwaltung. »Der Generalnenner der Kultur enthält virtuell bereits die Erfassung, Katalogisierung, Klassifizierung, welche die Kultur ins Reich der Administration hineinnimmt.«[9] Die Übersichtlichkeit der Profile, die lückenlose statistische Erfassung aller eingegebenen Daten, die geordnete Chronik, die exakten Uhrzeiten zu den banalsten Äußerungen, die saubere Auflistung der Kontakte verweisen heute auf einen neuen Modus der totalen Verwaltung. Kritik an der umfassenden Bürokratisierung des Lebens in modernen Industrienationen war bis vor kurzem noch allgegenwärtig. Seit Kafkas Urszene des Ausgeliefertseins vor einer anonymen und übermächtigen Verwaltung haben sich unzählige Autoren und Regisseure an ihr abgearbeitet. Das hat bis heute auch seinen nachvollziehbaren Grund. Die sachliche Distanz und gleichzeitige unmittelbare Nähe der behördlichen Erfassung hatte schon immer etwas Kaltes, Entwürdigendes an sich. Das Individuum vor der namenlosen und gewaltigen Maschinerie, ohnmächtig vor dem endlosen Arbeitsbetrieb der Administration, in der es nur noch Nummer, nur noch Bestandteil des unpersönlichen Ganzen ist.

Das Thematisieren der Absurdität bürokratischer Verfahren, deren immenser Einfluss auf das Leben der Vielen, hat merkwürdigerweise über die letzten Jahrzehnte immer weiter nachgelassen. Und dies, obwohl der Mensch heute mit seinen Geräten stets eine Käseglocke der Verwaltung mit sich herumträgt. In ihr wird unentwegt erfasst, katalogisiert, klassifiziert. Eine streng algorithmisierte Datenwolke umgibt jeden Anwender und aus ihr auszubrechen ist de facto nicht mehr möglich. Es gibt in der frühen Fernsehära bereits kein Ausweichen, keinen »Standort außerhalb des Getriebes«[10]. Die lückenlose Vernetzung der Kanäle der Kulturindustrie (bestehend aus dem heute harmlos anmutenden dreikanaligen Schwarz-Weiß-Fernsehen, dem analogen Radio und dem Printbereich) lässt damals schon alle möglichen Schlupfwinkel verschwinden. Das damalige Verschwinden der Schlupfwinkel mutet heute jedoch fast lächerlich an, vergegenwärtigt man sich die zu jeder Zeit mitgeführten Überwachungsgeräte mit Ultra-HD-Kamera und GPS. Die bis in die entlegensten Winkel der Welt sich real zutragende Vernetzung und sich gleichzeitig verwirklichende Gläsernheit der Anwender gibt dem Bild der verschwindenden Schlupfwinkel neue Konturen. Die »verwaltete Welt« – ursprünglich als reine Bürokratiekritik vorgetragen – hat sich über das Internet und den Computer restlos verwirklicht.

Kein Kulturpessimismus der Vergangenheit kann es mit der heutigen Situation mehr aufnehmen. Evgeny Morozov zufolge fristet der Anwender sein Dasein zwischen »Sensoren, Filtern und Profilen«[11]. Für ihn gilt der Einzelne bereits als digital determiniert, und zwar in dem Maße, wie die Bestandteile seiner technischen Umwelt programmiert sind. Ihm kommt der Lebensmodus der Überwachung (über Sensoren) und der Datenspeicherung (in Form von Profilen) zu. In diesem Zusammenhang werden die prominent diskutierten Theorien postmoderner Soziologen fragwürdig. Ihnen gemäß kommt es gerade über die sich bietenden Möglichkeiten der Technik zu immer weiter fortschreitenden Individualisierungen hin zu höchst diversen Lebensstilen, die in einer pluralistischen Gesellschaft nebeneinander existieren. Der sogenannte digital akzelerierte Pluralismus erfährt über die monokulturellen GAFA-Profile seine Aufhebung.

Slavoj Žižek ventiliert in diesem Zusammenhang Gedanken zum Wegfall echter Individualität in Anbetracht der allgegenwärtigen »Cloud«. Gerade wo wirklich individuell gehandelt wird – also »nichtentfremdet, spontan« –, wirkt das unsichtbare Netzwerk der privaten Unternehmen als quasi objektives Regulativ.[12] Mit folgender rhetorischer Frage verweist er auf die totalitäre und nivellierende Wirkung des Cloud-Computing als neuer Noosphäre: »[...] are we not all becoming involved in something comparable, insofar as our ›cloud‹ functions in a way not dissimilar to the Chinese state?«[13] Hieran lassen sich weitere einfache Fragen knüpfen: Wie divers ist eine Gesellschaft, die flächendeckend WhatsApp, Google und Apple verwendet? Wie individuell ist ein Mensch, der seine Alleinstellungsmerkmale über Instagram kommuniziert? Wie viel Eigensinn, wie viel Persönlichkeit lassen die identischen Bausätze der sogenannten »Sozialen Medien« tatsächlich zu? Die Fragen lassen vermuten, dass es nicht Individualität ist, die über die »Massen-Apps« gefördert wird, sondern vielmehr die technische Bürokratisierung und die mediale Gleichschaltung. Die Filter, allen voran der Google-Algorithmus, stellen zwar vordergründig die Möglichkeit bereit, auf schnelle und reichhaltige Suchergebnisse zugreifen zu können, geben aber hintergründig auch eine hierarchisierte Auswahl vor, die den Einzelnen wiederum limitiert. Inmitten seiner sich immer weiter ausdifferenzierenden technisierten Umgebungen gleicht der

Mensch sich über die Algorithmisierung durch die digitalen Dienstleister immer weiter einer Art nivelliertem Bewusstsein nach Adorno an. Der Bereitstellung von Benutzeroberflächen, den Suchmaschinen, den sozialen Portalen, der sukzessiven Infiltration des Lebens über »Sensoren, Filter und Profile« steht der Einzelne gegenüber wie einer neuen Architektur eines digitalen Gebäudes, das ihn umgibt und einschließt. Das Leben mit Smartphone legt ihn so gesehen auf mehreren Ebenen in seiner Lebensweise fest. Individualität entwickelt sich hier über den Umgang mit limitierten Optionen innerhalb eines vorgegebenen Koordinatensystems. In ihm herrscht folgendes Gesetz: Poste emotional und persönlich und dir soll Viralität zuteilwerden.

Beobachtung und Transparenz

In der verwalteten Welt herrschen weitere Gesetze. Eines hat sich unmerklich in jede menschliche Beziehung eingeschlichen: das Gesetz der wechselseitigen Kontrolle. Da heute jeder ein Smartphone mit sich herumträgt und sein Leben digital dokumentiert, sprich: Fotos und Filme von den banalsten Momenten, bis hin zu den wichtigsten, den ersten Schritten des Kindes beispielsweise, anfertigt und teilt, findet eine fast umfassende Form der privaten gegenseitigen Überwachung Eingang in den Alltag der Anwendercommunity. Es ist in der Tat nicht mehr ohne weiteres möglich, alltäglichen Aktivitäten ohne potentielle digitale Aufzeichnung beizuwohnen. Sobald man sich in Gesellschaft begibt, läuft man Gefahr, fotografiert oder gefilmt zu werden. Die Rede ist von nicht weniger als einer neuen Facette unseres Daseins, die mit den geteilten Bildern der Geburt beginnt. Die gegenseitige Aufzeichnung birgt Gesetzmäßigkeiten der strukturellen Überwachung in sich, die Foucault als »pausenlos überwachte Überwacher [...] in einer Maschinerie, die funktioniert«[14] charakterisierte. Die Effekte, vor allem für diejenigen, die eine lückenlose Smartphonenutzung des »always on« kultivieren, sind beträchtlich. Ohne

Übertreibung lässt sich sagen, dass hier ganze Facetten ihres Lebens nach der digitalen Aufzeichnung ausgerichtet werden. »We are« – um es mit den Worten des italienischen Künstlers Alessandro Ludovico zu sagen – »kind of voluntary agents of surveillance. And [...] there is this absolutely crazy social mechanism of mutual surveillance«[15].

Die von Foucault beschriebenen Beziehungsnetze der sich gegenseitig Überwachenden umgeben dabei den Einzelnen und stellen so etwas wie eine zweite soziale Umwelt dar. Bei genauerem Hinsehen findet diese in der Kultur der Offenheit samt Modus des »always on« eine erschreckend lapidare Verwirklichung. Über die beständige Verbindung via WhatsApp wird eine Lebensform der durchgehenden Kontrolle kultiviert, die den Einzelnen mehr oder weniger in eine stringente reaktive Haltung zwingt. Wer nicht antwortet, befindet sich umgehend im Rechtfertigungszwang. Das pausenlose, über den ganzen Tag ausgedehnte kommunikative Moment wird zu einem infiniten Regress. Der homo communicans in der denkbar radikalsten Form findet sich in einer Endlosschleife der Beobachtung von Beobachtenden wieder, könnte man sagen. Wer nicht mitmacht, wird zu einer ganz eigenen Art von »Mängelwesen«, zum reduzierten »homo medialis«, zu einer Kreatur, die sich nicht auskennt, die nicht medienkompetent ist und – was letztlich entscheidend ist – nicht an der neuen Lebensform des sharing teilnimmt. Der Mensch ist auf sonderbare Weise in seiner medial-»exzentrischen Positionalität« nicht mehr wirklich exzentrisch, wenn er nicht Zugang zu einem Touchscreen hat, mit dem er seine Mitmenschen beobachten kann. Er entwickelt dabei – wie im Kontext anderer Medienentwicklungen – ein Selbstbild, das dieser speziellen medialen Situation entspricht. Die Kultur des pausenlosen Beobachtens ist auch eine Kultur des ständigen Bewertens. Der Mensch ist ein ständig beobachteter und bewerteter Beobachter und Bewerter.

Ein weiteres Gesetz der totalen verwalteten Welt ist das der Offenheit. Während für viele bereits Privatheit ein Begriff der Vergangenheit ist und wir in einer Ära der »Transparenz« leben, nimmt sich die tatsächliche Praxis einer offenen Lebensführung im Alltag der Menschen oft nicht ganz so freiheitlich aus, wie vielleicht ursprünglich gedacht. Ein Beispiel: Das Erstellen eines Accounts bei beliebigen Social-Media-Plattformen, Nachrichtendiensten oder Messenger-Apps setzt die Eingabe der persönlichen Grunddaten (Name, Alter, Telefonnummer) voraus. Offenheit erfüllt hier offensichtlich den einfachen Zweck des Zugangs. Der Deal ist simpel und mittlerweile in das gesamtgesellschaftliche Grundverständnis in Form einer hinzunehmenden digitalen Kosten-Nutzen-Rechnung bei der Inanspruchnahme des Internets eingegangen. Einmal im sozialen Netzwerk angekommen, setzt sich für gewöhnlich die vielleicht an sich gut gemeinte Idee der digitalen Offenheit in die Unzulänglichkeiten der alltäglichen Praxis fort. Dabei kommt zunächst die oben beschriebene Gesetzmäßigkeit erfolgreicher Posts in Gang: Je persönlicher, je emotionaler und je geschickter kontextualisiert, desto größer die Resonanz. Mit diesem Wissen im Hinterkopf verkehrt sich die vielleicht anfangs tatsächlich zweckunabhängig praktizierte Offenheit schnell in ihr Gegenteil. Das Posten persönlicher Inhalte wird von da ab auf die antizipierte Resonanz in der Community abgestimmt. Auch hier ist der Akt genuiner Offenheit nicht wirklich das eigentliche Thema. Es ist vielmehr ein Handel, auf den sich der Einzelne einlassen muss (gesetzt den Fall sie/er möchte erfolgreich kommunizieren). Es entstehen dabei die berüchtigten Like-und-Kommentar-Kartelle. Wer viel »liket«, erwartet auch viele Likes als Gegenleistung.

In diesem Zusammenhang festigt sich aber auch eine besondere Form des Aufmerksamkeitskapitalismus: Wer viel hat, dem wird viel gegeben. Wer wenig hat, dem wird wenig oder nichts zuteil. Genuine Offenheit kann vor diesem Hintergrund schnell etwas Unangenehmes werden. Äußerungen von persönlichen Momentaufnahmen, die unkommentiert bleiben, deuten unterschwellig auf eine zweifelhafte Stellung in der Online-Peergroup hin. Oder, was noch schlimmer ist, die Banalität eines »Posts« führt einen Abstieg im Anerkennungskontinuum des Sozialen Mediums herbei. Was bei sich weltweit verbreitenden Techniken aus einem bestimmten Teil der Erde nicht ausbleibt, ist die Mitverbreitung einer bestimmten regionalen Mentalität.

Offenheit gilt in Kalifornien als Lebensform, als way of life. Man wird sich in San Francisco an jeder Straßenecke mit jemandem unterhalten können. Und man wird insbesondere als Deutscher überrascht sein, wenn die Tiefen des Gesprächs bisweilen bis in die persönlichsten und tragischsten Details des Lebens des jeweiligen – beliebig gewählten – Gesprächspartners hineinreichen. Was immer man davon halten mag – die weltweit digital verbreitete Mentalität steht plötzlich mit den regionalen Landesmentalitäten in direkter Konkurrenz. Diese hochinteressante Entwicklung, die McLuhan mit seiner Theorie des Global Village antizipiert hatte, legt zunächst nahe, auf den allseits postulierten Wert der Offenheit mit einem Verständnis für Hintergründe der genutzten Programme samt ihrer Formbestimmtheiten und der Herkunft der Programmierer zu reagieren. Chris Kelty – ein kalifornischer Anthropologe – beschreibt die ambivalente Situation hinsichtlich des Wertes der Offenheit folgendermaßen: »Offenheit tendiert zur Vernebelung. Jeder (Kalifornier Anm. d. Verf.) behauptet, offen zu sein, jeder möchte etwas mitteilen, alle (Kalifornier Anm. d. Verf.) stimmen darin überein, dass es wichtig ist, offen zu sein [...]. Aber obwohl sie so klar erscheint, ist ›Offenheit‹ vielleicht der komplexeste Aspekt von freier Software.«[16] Kelty ahnt, dass die naive Mentalität der konsequenzlosen Offenheit im Internet neu bewertet werden muss, und stellt im Sinne Immanuel Kants die wichtige Frage nach der Motivation zu Offenheit. »Ist Offenheit gut an sich, oder ist Offenheit ein Mittel, um etwas anderes zu erlangen – und wenn ja, was?«[17]

Kapitel 2

Emotionen

Mediale Emotionen

Der entscheidende Moment in der Lieblingsserie, die euphorische Sequenz im Game, die Verfolgung des viral gehenden Posts wird jäh unterbrochen von einem dringenden Anliegen einer realen Person. Die mediale Emotion steht urplötzlich in direkter Konkurrenz mit den Affektkonventionen der realen Welt. Und obwohl das echte Bedürfnis der realen Person im unmittelbaren Umfeld objektiv gesehen als wichtiger einzuordnen ist als die eigene mediale Sentimentalität, kann man sich – für den Moment zumindest – emotional vom Medium nicht lösen. In den meisten Fällen folgen die Überwindung und das dämmernde Pflichtbewusstsein der realen Interpersonalität. Das scheint aber oft nur oberflächlich vonstatten zu gehen. Man gibt zwar dem Insistieren nach, das emotionale Sicheinlassen will aber nicht wirklich gelingen.

Das hat seinen Grund: Mediale Emotionen können zum einen sehr mächtig sein und zum anderen die in der Realität erzeugten Emotionen verdrängen und verhindern. Heutige Erkenntnisse aus der Emotionsforschung bestätigen die Idee der sich selbst verstärkenden medialen Emotionen. Die emotionale Aufladung der medialen Situation – egal ob romantischer Liebesfilm im Fernsehen oder der spannende Ego-Shooter – erzeugt ihr Korrelat im Menschen. Je intensiver und regelmäßiger die Immersion, desto radikaler und nachhaltiger die morphologische Veränderung neuronaler Netzwerke im Gehirn.[18] Zur Gewöhnung an eine neue virtuelle Umwelt in Social Media bspw. entstehen neue Gefühlsnuancen, die für sich stehen können und auch müssen.[19] Die mediale Sentimentalität entwickelt eine Eigendynamik, wobei hier medienspezifische Gedächtnisinhalte eine zentrale Rolle spielen. Ein einfaches Prinzip lässt sich hierbei erkennen: Je mehr mediale Emotionen, desto mehr bedingen die früheren medialen Erfahrungen dabei Anknüpfungspunkte und somit weiterführende und sich intensivierende Affekte. Die Überlegung mag simpel sein, verweist jedoch auf die höchst komplexe Plastizität unseres psychischen Apparats. Gefühle sind keine unveränderbare Dimension des Menschen. Sie sind dehnbar, einschnürbar, in verschiedenste Richtungen lenkbar. Und doch ist man ihnen ausgeliefert. Die in der Vergangenheit liegenden verschiedenen Dehnungen und Einschnürungen, genannt Konditionierungen, machen jeden zu einem individuell Fühlenden. Sie geben dem Einzelnen seine emotionale Identität.

Medien spielten in diesem Zusammenhang auch auf überindividueller Ebene schon immer eine essentielle Rolle. Denn »Medien beeinflussen Formen der Raum-, Gegenstands- und Zeitwahrnehmung. Sie sind aufs Engste mit der Sinnengeschichte der Menschheit verbunden [...]. Und es gilt: Wie die Menschen sehen und was sie sehen, ist alles andere als selbstverständliche Physiologie, vielmehr handelt es sich um komplexe Kulturprozesse, die vielfältigen gesellschaftlichen und medientechnischen Innovationen unterliegen, Prozesse, die sich in unterschiedlichen Kulturen spezifisch ausgeprägt haben«[20]. Die unterschiedlichen Kulturen, die heute über den Erdball verteilt sind, sind derzeit dabei, sich technisch zu synchronisieren. Die digitale Monokultur führt gerade auf emotionaler Ebene zu einem Verlust an Identität nicht nur bei Einzelpersonen, sondern ganzer Kulturkreise. Emotionen werden zwar nicht absorbiert, sie sind nicht einfach weg. Sie verlagern sich und entwickeln sich dynamisch fort. »Die Ankoppelung der Emotionen an die Medialität der technisch-apparativen Audiovisionen, die Bindung der Gefühle an mediale Produktionen, technische Bilder und Töne, die audiovisuelle Form« verändern »die Emotionskultur tiefgreifend«[21]. Dabei werden die medialen Emotionen auf der einen Seite intensiver. Auf der anderen Seite lassen sie aber auch nach und verlieren sich in den Weiten der Angebote. Das Verlieren bestimmter Affekte beim Medienkonsum veranschaulicht Günther Anders anhand eines »marionettenhaften Auto-Rennens« im Fernsehen, bei dem »selbst der tödliche Unglücksfall gar nicht so schlimm wirkte: zwar weiß man, dass, was man da soeben mit-erlebt hat, sich wirklich soeben, im selben Augenblick, da man es auf dem Schirm sah, abgespielt hat; aber man weiß es eben nur; das Wissen bleibt doch ganz unlebendig; das winzige Bild, mit dem irgendwo dort hinten Geschehenden, das hiesige Jetzt mit dem dortigen in Kongruenz zu bringen, also das Jetzt als wirklich gemeinsames, als ein und dasselbe dort-und-hier-Jetzt aufzufassen, gelingt nicht; also bleibt auch die Erschütterung klein und imaginär; beträchtlich kleiner sogar, als Erschütterungen, in die uns fiktive, auf der Bühne stattfindende Katastrophen versetzen.«[22]

Verblüffend aus heutiger Sicht ist zunächst die unbestreitbare Gültigkeit dieser Analyse. Die gesamtgesellschaftliche Gewöhnung an medial aufgearbeitete Katastrophen muss als Element einer flächendeckenden Abstumpfung verstanden werden. Das hat auch einen einfachen emotionsökonomischen Grund: Wir können es uns aus quantitativen Gesichtspunkten nicht mehr leisten, beim Anblick einer beliebig aus dem Weltgeschehen gegriffenen Katastrophe jedes Mal wirklich emotional affiziert zu sein. Die Menschen würden in permanenter Betroffenheit durch die Gegend taumeln. Wie wir weiter oben gesehen haben, stimmt aber die gegenteilige Behauptung der emotionalen Aufladung des Alltags auch: Die Menschen werden über die digitalen Kanäle unablässig emotionalisiert – der heitere Klingelton, das emotional besetzte Hintergrundbild, die exaltierte Sprachnachricht, der unendliche Schwall sentimentaler Popmusik, das farbenfrohe Display ... Wie unter einem Brennglas verdeutlicht der YouTube-Algorithmus die ambivalente Lage. Die aufgefahrene Nebeneinanderstellung von beliebigen Inhalten hat ihre höchst diffuse Wirkung. Da erscheint ein putziges Kätzchen-Video neben dem in Zeitlupe feilgebotenen Sturz eines Menschen aus einem der Türme des World Trade Center, ein Volkswagen-Werbeclip vor der Hitler-

Dokumentation. Die völlige Disparatheit der Inhalte erfährt über die personalisierten Algorithmen im Internet eine Klimax, die den Einzelnen auf der einen Seite in eine emotionale Schockstarre versetzt. Gleichzeitig laden sie ihn emotional auf und nötigen ihn zur permanenten Sentimentalität.

Mediale Emotionen sind meistens solistisch empfundene Sentimentalitäten, die sich auf kein reales Ereignis beziehen, das in direktem Bezug zur betroffenen Person steht. Der Einzelne erfährt sich über Medien oft hochgradig emotionalisiert und gleichzeitig banalisiert. Der Gamer, der nach zehn Stunden Spiel gefühlsleer die Konsole herunterfährt, hat seine Lebenszeit nicht etwa mit der Verschwendung von Emotionen verbracht, sondern mit einer hoch emotionalen Tätigkeit, die in keinem Verhältnis zu einem realen Gegenstand steht. Schlecht fühlt er sich aufgrund der Banalität der eigenen emotionalen Höhenflüge. Der Konsument romantischer Popmusik in der Straßenbahn wäre ein anderes Beispiel für einen hoch emotionalisierten und gleichzeitig abwesenden, also solistisch sentimentalen Menschen. Die besungene Sehnsucht, die orgiastischen Refrains, das akustische Lametta hat nicht nur keinerlei Bezug zur realen Situation in der Straßenbahn, sondern hebt den Einzelnen mit seinen Kopfhörern emotional in Sphären, die für einen Menschen im Mittelalter wahrscheinlich nicht ohne kardiologische Folgen geblieben wären. Die reale Situation selbst ist unverändert dröge und langweilig. (Den vielen positiven Aspekten von romantischer Musik in der öden Straßenbahn soll hier nicht prinzipiell widersprochen werden.) Die Dimension der medialen Emotionalität wird erst in der Summe zu einem Problem. Der Popsongmix in der Straßenbahn, die gruselige Serie auf Netflix, das nervenaufreibende Game, die lustigen Posts und Kommentare auf Instagram, der nervöse Austausch über WhatsApp. die euphorischen Selfies: die Menge der medialen Emotionen macht die Thematik erst so schwierig und widersprüchlich.

Fear Of Missing Out

Im Zeitalter der Quantifizierung von Emotionen kann die Gestaltung der Freizeit bisweilen stresserzeugend sein. Es bedarf keines anstrengenden Berufs mehr, um sich in die physiologische Grenzerfahrung eines Burnouts zu manövrieren. Das heutige Phänomen des Fomo verdeutlicht in diesem Zusammenhang exemplarisch die Absurdität des getriebenen Anwenders. »The Fear of missing out« – die Angst davor, etwas zu verpassen – steigert sich einer inneren Logik folgend proportional zu den Möglichkeiten des digitalen Zugangs. Da man potentiell »alles« sehen und »jeden« kennenlernen kann, entspricht jeder Moment »offline« einer ungenutzten Frist voll verschwendeter Möglichkeiten. Das strengt an und macht müde. Die Anwender der Apparate begleitet ein beständiges Gefühl der Erschöpfung. Es stellt sich permanent die Frage, ob das momentane Leben ausreicht, der Traumpartner nicht vielleicht doch nur ein paar Klicks weit entfernt ist, der Traumjob nicht doch mit einem guten Vernetzungsmanagement zu erreichen ist.

Die großen, lebensentscheidenden Möglichkeiten werden ergänzt durch die alltäglichen virtuellen »Gelegenheitsmöglichkeiten«. Musik, Bilder, Unterhaltung, Informationen – die Möglichkeiten sind nicht einfach nur da. Sie sind nicht nur Objekte dezidierten Auswählens. Sie belagern vielmehr den Einzelnen. Er kann sich vor ihnen nicht retten. Dennoch kommt er nicht endgültig an sie heran. Die unendlichen Möglichkeiten sind insofern nicht konkret, sondern abstrakt. Sie sind aber doch noch so weit konkret, als dass man sie sehen und hören kann, man kann sie vor sich haben, aber nicht hinter sich bringen. Die unendliche Auswahl auf YouTube und Netflix lässt sich nicht durcharbeiten. Das Leben fühlt sich an wie endlos zirkulierende Elektrizität in einem Schaltkreis. Und der Kampf gegen die unendlichen Unterhaltungs-, Kennenlern-, Bilder- und Musikmöglichkeiten ist wie der Kampf gegen die Hydra. Aus jedem abgeschlagenen Kopf wachsen zwei neue nach. Der Gedanke an Adornos »Fun« als »Stahlbad« drängt sich in diesem Zusammenhang auf. Das Stahlbad des Fun verwies bereits in der frühen Fernsehära auf die totale Unfreiheit des Menschen im kulturindustriellen Korsett, das gegenwärtig mit dem Fomo-Phänomen eine neue Pervertierung erfährt. »Fun« bis zur Erschöpfung als panische und atemlose Fortsetzung des Arbeitsbetriebs in die Freizeit. Und die Arbeit heute ist die Arbeit mit der Unendlichkeit. Die Menschen stürzen täglich in einen Kosmos der unendlichen Möglichkeiten, die sie aber nicht erreichen können. Zurück bleibt die blanke Angst. Die Angst davor, hinter den Möglichkeiten zurück zu bleiben. Und da sie immer hinter ihnen zurückbleiben müssen, haben sie immer Angst. Die Verpassensangst muss auch umgekehrt werden. Die digitalisierten Anwender haben Angst davor, selbst verpasst zu werden. Sie sind selbst genau die Möglichkeiten, hinter denen die anderen zurückbleiben. Sie verbreiten als verpasste Möglichkeit Angst und haben Angst davor, diese Verpassensangst bei den anderen zu erzeugen. Sie sind deswegen immer bieder und vorsichtig und wollen ja nicht unkontrolliert Angst erzeugen, obwohl sie es beständig tun.

Fomo strahlt in mehrere Richtungen. Auch das Fomo der audiovisuellen Aufzeichnungen kann als psychotische Grundkonstitution des Lebens in der Totaldigitalisierung festgehalten werden. Kein Ereignis von bestimmter Qualität darf mehr ungefilmt, unfotografiert einfach passieren. Die Angst davor, das potentiell unvergessliche Ereignis mit der Kamera zu verpassen, ist immer da und der Finger am roten Punkt auch. Das verfrachtet die Anwender zwangsläufig in eine immerzu gereizt beobachtende und selbstbeobachtende Haltung. Sie sind krankhaft selbstreflexiv in rein visuellem Sinne. Was, wenn das der Moment war, den ich hätte filmen müssen? Was, wenn eben dieser Moment mich via Instagram zu dem gemacht hätte, der ich gerne sein wollte?

Eine weitere Dimension des Fomo entwickelt sich seit einiger Zeit im Bereich der digitalen Werbepsychologie. Online-Anbieter sind sich mittlerweile im Klaren darüber, dass speziell bei Online-Käufen selten mit dem bewussten, d.h. reflektierten und rational abwägenden Konsumenten zu rechnen ist. Der

Adressat der Werbebotschaft ist das Unbewusste, das emotionale Bad, in dem der potentielle Kunde schwimmt. Und hier bekommt die Wendung der Angst davor, etwas zu verpassen, eine unerwartete, neue Kontextualisierung. Der Werbetreibende befürchtet nämlich, den emotional nicht angesprochenen Kunden, der sich vom Produkt abwendet und sich umorientiert, zu verlieren. Und zwar dorthin, wo mehr positive Emotion auf ihn wartet. Das »missing out« bezieht sich hier auf die verpasste Gelegenheit, den User emotional dort abzuholen, wo er gerade steht. Vorrangiges Ziel bei der (universitären) Erforschung von Kundenemotionen beim Online-Shopping sind Strategien zur Vermeidung von negativen Affekten. Zentral hier: die genaue Analyse des Zusammenhangs zwischen bestimmten Mauscursorbewegungen und Tastatureingaben mit dem endgültigen Kaufverhalten. Die Forschungsarbeit mündet laut exemplarischem Forschungsbericht der MIS Quarterly in die Zur-Verfügung-Stellung einer sogenannten unaufdringlichen, massenhaft anwendbaren Evaluationsanwendung für negative Emotionen beim Online-Kauf.[23] Ohne dass der potentielle Kunde etwas davon merkt, errechnet das im Bericht vorgestellte Programm aus den Bewegungen des Mauscursors die emotionale Konstitution des Users, um im nächsten Schritt unaufdringlich – also ohne in das Geschehen merklich einzugreifen – die Website der Stimmung des Käufers anzupassen. Diese Anpassungen werden im Forschungsbericht mit Querverweisen zu Fachliteratur aufgezählt. Ist der potentielle Käufer gerade negativ berührt, so erscheinen neue Möglichkeiten, wie Textfelder, in denen man einer Befürchtung Luft machen kann, es ploppen Rechtfertigungen der Anbieter in einem gesonderten Fenster auf, es erscheinen – zur errechneten Emotion passend – neue Angebote in einer Seitenleiste. Die algorithmisierten Möglichkeiten sind schier unendlich: Hintergrundmusik wird auf die vom Programm antizipierte Emotion eingeblendet, die Helligkeit der Seite wird angepasst, die bevorzugten Schriftformen verwendet, etc. Die Emotionen der Anwender sind das neue Schlachtfeld der digitalen Kundenakquise und -bindung. Wer hier versagt, verliert die Käufer, erst emotional und dann physisch per Mausklick. Die treibende Kraft ist hier die Angst davor, die Emotion des Kunden zu verlieren.

Scham und Verdinglichung

Nicht nur die online stehende, optimierte Fotogalerie des Anderen kann einem heute ein Gefühl der Minderwertigkeit geben, sondern auch die eigene. Kein Anwender, der nicht seinem Online-Dating-Profilbild hinterherhechelte, kein Selbständiger, der nicht der zur Schau gestellten Schokoladenseite seines XING-Accounts im echten Leben zu entsprechen suchte. Gerade hier sind heute die Prädikate des Subjektiven und Objektiven ausgetauscht. Nicht mehr das reale – situationsbedingte – Wirken, sondern die beständige online stehende Perfektion gilt als Richtmaß der Selbstoptimierung. Letztere gilt für viele als objektive Quelle der Sinngebung und wird so zum neuen Ideenhimmel. Die »platonoide Serienexistenz« im Internet wird zur neuen Matrize. Um am Ende einer reklameartigen Version des eigenen Selbst zu entsprechen, wird perfektioniert. Dem Einzelnen wird so unter anderem die Energie für so etwas Verrücktes wie gesellschaftliche Veränderung geraubt. Es ist nicht mehr die Perfektion suggerierende Reklame im Fernsehen, sondern das internalisierte Prinzip der Reklame im digitalen Umgang miteinander. Letzterer wird bekanntlich so offen es geht gestaltet. General Eisenhowers Äußerung, mit der er vor der damaligen amerikanischen Fernsehnation gestand, nichts zu verbergen zu haben (»I have nothing to hide«), muss als klassisches Dokument eines Lebensmodus verstanden werden, der heute, mit dem Ende der Privatsphäre (nach Zuckerberg), seinen absoluten Höhepunkt erfährt.

Schamlosigkeit wird gegenwärtig nicht nur via FaceTime und WhatsApp als Tugend missverstanden. Die Behauptung, wer nichts zu verbergen habe, habe auch nichts zu befürchten, gilt gerade heute noch als beliebtes Argument gegen jegliche kritische Überlegung bezüglich der neuen Lebensform der

Transparenz. Die heutige Exhibitionsbereitschaft unter dem sanften Terror der bunten digitalen Glitzerwelt muss als ebenso konstitutiv erkannt werden wie das Ende der Privatsphäre. Erik Erikson erkannte in ihr bereits die ungewollte Exponiertheit als zentrales Element. »Wer sich schämt, glaubt sich exponiert und beobachtet, ist unsicher und befangen. Man fühlt sich den Blicken der Welt höchst unvorbereitet ausgeliefert.«[24] Im Zeitalter der Lebensführung im »Always-on«-Modus samt GPS-Tracking wirkt die Theorie von Erikson wie ein emotionales Leitmotiv der heutigen Gesellschaft. »Die reine Scham« – auch Jean-Paul Sartre machte in dem schmerzvollen Affekt eine Art emotionales Paradigma seiner Zeit aus – »ist nicht das Gefühl, dieser oder jener tadelnswerte Gegenstand zu sein; sondern überhaupt ein Gegenstand zu sein, das heißt, mich in jenem degradierten, abhängigen und starr gewordenen Gegenstand, der ich für Andere geworden bin, wieder zu erkennen.«[25] Bekanntlich waren die Anderen bei ihm die Hölle. Heute trägt jeder eine kleine Vergegenständlichungsmaschine mit sich herum, die ihn zur beständigen »offenen« Objektivierung seiner selbst und »der anderen« zwingt. Der smart vernetzte Mensch muss sich mit seinem Smartphone in der Hand schämen. Er kann nicht anders. Die totale Digitalisierung bedingt die totale Scham via totaler Verdinglichung. Ungewohnt konkret erklärt Adorno sein Verständnis von Verdinglichung anhand eines beiläufigen Gesprächs während seiner Zeit im kalifornischen Exil: »Was ich mit verdinglichtem Bewusstsein meine, kann ich, ohne umständliche philosophische Erwägung, am einfachsten mit einem amerikanischen Erlebnis illustrieren. Unter den vielfach wechselnden Mitarbeitern, die im Princeton Project an mir vorüberzogen, befand sich eine junge Dame. Nach ein paar Tagen fasste sie Vertrauen zu mir und fragte mit vollendeter Liebenswürdigkeit: ›Dr. Adorno, would you mind a personal question?‹ Ich sagte: ›It depends on the question, but just go ahead‹ und sie fuhr fort: ›Please tell me, are you an extrovert or an introvert?‹ Es war als dächte sie bereits als lebendiges Wesen nach dem Modell der Cafeteria-Fragen aus Questionnaires«[26].

Verdinglichtes Bewusstsein erscheint hier als Übernahme von vorgegebenen Kategorien und die unreflektierte Subsumtion der Mitmenschen und der eigenen Person unter diese. Kommunikation degeneriert unversehens zum Austausch von leeren Formeln (aus den Questionnaires), die keine tiefere Auseinandersetzung mit sich und den anderen zulassen. Adornos Überlegungen lassen sich erschreckend einfach mit einer Gegenwart abgleichen, in der computerisierte Verdinglichung zur Conditio sine qua non menschlicher Existenz geworden ist. Denn sind die heutigen Sozialen Medien – allen voran Instagram mit der Hashtag-Sortierung – denn irgendetwas anderes als eine gigantische Verdinglichungsmaschinerie? Kommt ein Profil bei einem der bekannten Anbieter nicht einem umfassenden Vergegenständlichungsprojekt gleich? Während Hegel mit der Verdinglichung noch eine gewissermaßen »neutrale« Objektivierung des Geistes bei der Arbeit und im Kunstwerk benannte, so spricht Lukács 1923 bereits vom »im Kapitalismus aufgewachsenen Menschen mit verdinglichtem Bewusstsein«[27], bei dem die Warenform zur Herrschaftsform der gesamten Gesellschaft wird. Der menschlichen Tätigkeit und dem bestimmten gesellschaftlichen Verhältnis der Menschen selbst, wie Marx es formulierte, entspricht »die phantasmagorische Form eines Verhältnisses von Dingen«[28]. Sind die Freundschafts- und Followerideologien der großen Plattformen nicht eben genau das? Phantasmagorische Formen der Verhältnisse von Dingen? Die verrechneten Bilder, die innerliche Unberührtheit, die gleichgeschaltete Struktur – der Mensch wird, ohne dass er es merkt, zum Objekt der digitalen Verdinglichung. Und was sich dabei gleichzeitig festigt, sind die unerbittlichen Prinzipien des Daten- und Aufmerksamkeitskapitalismus.

Axel Honneth nimmt hinsichtlich der heutigen Ideologie der Selbstoptimierung eine interessante Einteilung vor: »Die Subjekte sind im Warentausch wechselseitig dazu angehalten, (a) die vorfindlichen Gegenstände nur noch als potentiell verwertbare ›Dinge‹ wahrzunehmen, (b) ihr Gegenüber nur noch als ›Objekt‹ einer ertragreichen Transaktion anzusehen und schließlich (c) ihr eigenes Vermögen nur noch als zusätzliche

›Ressource‹ bei der Kalkulation von Verwertungschancen zu betrachten«[29]. Statt einer aktiven Partizipation am Geschehen der Welt nimmt das Subjekt »die Gewohnheit eines bloß beobachtenden Verhaltens« an, »in dessen Perspektive die natürliche Umwelt, die soziale Mitwelt und die eigenen Persönlichkeitspotentiale nur noch teilnahmslos und affektneutral wie etwas Dingliches erfasst werden«[30]. Der Influencer auf Instagram kann in diesem Zusammenhang als schillerndes Exempel affektneutraler Verdinglichung angeführt werden. Günther Anders prognostizierte in den Nachkriegsjahren das emotionale Klima im Industriezeitalter: die Beschämung. Bereits damals schämt sich der Mensch, »geworden, statt gemacht zu sein, der Tatsache also, im Unterschied zu den tadellosen und bis ins Letzte durchkalkulierten Produkten, sein Dasein dem blinden unkalkulierten, dem höchst altertümlichen Prozess der Zeugung und der Geburt zu verdanken. Seine Schande besteht also im ›natum esse‹, in seiner niedrigen Geburt.«

Der Mensch erscheint heute in Anbetracht der mittlerweile offen affirmierten Subordination vor der Technik in seiner vegetativen Unbeholfenheit erst wirklich zurückgeworfen auf eine niedere Lebensform. Er kann nicht anders. Was Anders vor über einem halben Jahrhundert mit der »Prometheischen Scham« zum Inhalt seiner Philosophie machte, ist in der heutigen, hochvernetzten Gesellschaft ein stets präsentes, virulentes Thema. Die nackte Scham vor dem selbsterschaffenen Gerät, dem perfekten und kalten Apparat im Angesicht der eigenen, makelbehafteten Kreatürlichkeit. »Wer bin ich schon?«, fragt sich der Prometheus heute wie damals. Nur ist er heute noch viel mehr »der Hofzwerg seines eigenen Maschinenparks«[31]. Und dieses Bild des überforderten und im Grunde unwissenden »Hofzwergs« passt wunderbar zu den vielen »Usern«, die keiner Programmiersprache mächtig sind und keinen Schaltkreis je selbst gelötet, geschweige denn einen Chip montiert oder eine kabellose Funktion verstanden haben. Man könnte die Liste der unreflektierten technischen Zusammenhänge, die den Einzelnen wie die Gesellschaft heute so grundlegend durchwalten, beliebig erweitern. Schamkonflikte sind heute allgegenwärtig und schier übermächtig.[32] Das hat einen einfachen Grund: Schamgrenzen werden aufgrund der Nähe und konsistenten Nutzung der Kommunikationsapparate logischerweise viel schneller und einfacher überschritten als noch vor der digitalen Wende. Gleichzeitig wird der Schamaffekt selbst zu einer Art blindem Fleck der Reflexion. Denn »es gehört zur Kultur der Moderne, dass sie Scham in besonderem Maß verbirgt und Schamlosigkeit suggeriert«[33]. Der Mensch tritt heute also die Flucht nach vorne an. Doch wovor?

In der »Dialektik der Aufklärung«, ganz hinten im Anhang versteckt, befindet sich ein kurzer Aufsatz mit dem Titel »Zur Genese der Dummheit«. Hier beschreiben Theodor W. Adorno und Max Horkheimer die menschliche Intelligenz als »Fühlhorn der Schnecke«. Dieses Fühlhorn bewegt sich im freien Muskelspiel, solange es sich nicht »vor dem Hindernis sogleich in die schützende Hut des Körpers« zurückziehen muss. Den filigranen inneren Impuls des Erfühlen-Wollens auslebend, ist aber die äußerste Sensibilität, die »dem tastenden Gesicht« innewohnt, nur aktiv, solange sie nicht immerzu verletzt wird. Der schroffen und unwirtlichen Welt ausgesetzt, die das Fühlhorn immer wieder zu einem reflexhaften Rückzug zwingt, um für den Moment in der schützenden Hut des Körpers zu verweilen, wagt es »nur zaghaft wieder sich hervor«, um die Umwelt zu erfühlen. Findet das nicht mehr statt, ist die Rückbildung bzw. »die Verkümmerung der Organe«[34] vorprogrammiert. Der Mut zur emotionalen Neugier und schließlich das sich Herauswagen aus dem geschützten Körper in die Außenwelt sind somit gewissermaßen die Bedingung der Möglichkeit von Menschsein selbst. Bedingung ist aber auch die schützende Hut des Schneckenhauses. Der Mensch braucht Schutz vor dem Andrängen der Außenwelt. Er braucht einen Rückzugsort, an dem er sich von den Blicken der anderen erholen kann. Dieser ist im Lebensmodus der Transparenz aber leider immer schwieriger zu finden. Es ist, als ob sich das schützende Schneckenhaus im Säurebad der Digitalisierung auflösen würde und der Einzelne immer entblößter vor den Augen der anderen sein beschämend kreatürliches Dasein fristen müsste. Hier ist die exponierte Seele des Einzelnen nicht nur den Blicken der anderen Anwender ausgeliefert. Sie ist auch vom kalten Lärm und den grellen Bildschirmen umstellt.

Die Flucht nach vorne ist eine Flucht vor der beständigen Objektivierung in den Augen der Anderen. Sie ist auch eine Flucht vor der perfekten Kälte der Apparate in die optimierten Bilder. Die makellosen Apparate selbst funktionieren auch noch ohne Maschinenlärm. Kein Ölgeruch tritt aus ihnen aus. Keine einrastenden Schalter oder Hebel sind an ihnen zu bedienen. Alles kommt sanft, intuitiv bedienbar und geschmeidig daher. Hier wird die Lage kompliziert. Die uns umgebenden Maschinen haben ein glattes, freundlich-serviles Antlitz und sind doch Maschinen. Blitzschnell rechnende Maschinen, die die Maschinisten (und wir sind heute alle Maschinisten) nicht mehr verstehen können. Denn wir sind langsam, schneckenhaft langsam in unserer Entwicklung, in unserem Fühlen. In unserer »fleischlichen Tölpelhaftigkeit« und »kreatürlichen Ungenauigkeit« schämen wir uns nicht nur im selbstoptimierten Umgang voreinander, sondern »vor den Augen der perfekten Apparaturen«[35] selbst.

Kapitel 3

Technik

Das technische Unbewusste

Beschämend sind heute allein die technischen Dimensionen. Sie sind so gewaltig, dass sie im Grunde gar nicht mehr wahrgenommen werden können. Die gesamtgesellschaftliche Unbewusstheit geht auf technische »Hintergründe« zurück, die weitestgehend unreflektiert bleiben: »Jede menschliche Aktivität hängt von einem unterstellten Hintergrund ab, dessen Gehalt kaum hinterfragt wird: Er ist da, weil er da ist. Er ist gleichsam die Oberfläche, auf der das Leben dahingleitet. Einstmals mag der Großteil dieses Hintergrundes aus Entitäten bestanden haben, die in einer ›natürlichen Ordnung‹ existierten, also aus der ganzen Bandbreite der Wechselfälle der Erdoberfläche, von der Berührung durch Luftzüge, dem Jucken der Bekleidung bis zu Veränderungen am Himmel. Über die Zeit wurde dieser Hintergrund mit mehr und mehr ›artifiziellen‹ Bestandteilen ausgefüllt, so dass unter den gegenwärtigen Umständen viel von diesem Lebenshintergrund von ›zweiter Natur‹ ist, die künstliche Entsprechung des Atems, Straßen, Beleuchtung, Leitungen, Papier, Schrauben und Ähnliches konstituieren die erste Welle der Artifizialität. Nun erscheint eine zweite Welle zweiter Natur, die ihre flüchtige Präsenz durch so unterschiedliche Objektgestelle wie Kabel, Formeln, Funksignale, Bildschirme, Software, Kunstfasern etc. ausweitet.«[36]

Eine Beobachtung in der Straßenbahn lässt sich im Sinne Nigel Thrifts folgendermaßen deuten: Der beidhändig schnelltippende Teenager erfährt die erste und zweite Welle der zweiten Natur als gegeben und rauscht mit etwa 100 km/h durch die erste Natur. Diese nimmt er – wenn überhaupt – nur als dahingleitenden Hintergrund wahr, vor dem sich die weiteren Hintergründe der zweiten technischen Natur auffächern. Zur ersten Welle der zweiten Natur zählt die Straßenbahn selbst. Sie ist da, weil sie da ist. Sie ist jeden Morgen da, jeden Abend – die Straßenbahn ist, wie ein Baum, einfach da. Auch die zweite Welle der zweiten Natur ist einfach da. Der Apparat, die Musik, die Bilder. Die prinzipiell unhinterfragte Hinnahme des Hintergrundes als Konglomerat aller künstlichen Gegenstände bildet so etwas wie eine technische Bedingung unseres Lebens. »Wie hingezaubert offenbart sich jeden Morgen das Universum der Dinge vor den Menschen, niemand weiß, woher sie kommen, niemand weiß, wohin sie gehen«. Konrad Paul Liessmann beschreibt mit diesem Szenario einen Umstand, der als weitere Bedingung des heutigen Lebens gelten kann, und deutet mit ihm eine weitere, diesmal metaphysische Verschiebung an: »Nun sind es die Dinge, die Artefakte, die Gegenstände, die Waren aller Art, von denen wir nicht zu sagen wissen, woher sie eigentlich stammen und welcher Zukunft sie nach ihrem Gebrauch, ihrer Nutzung, ihrer Verwendung entgegengehen. Abstrakt gesehen sind die Dinge Resultat und Produkt menschlicher Arbeit. Aber die Arbeit selbst ist aus dieser Welt anscheinend verschwunden. Die Präsenz der Dinge ist hingegen unübersehbar und überwältigend«[37].

Gerade die vielen Laptops und Smartphones sind die archetypischen Gegenstände ohne Herkunft unserer Zeit. Die Rohstoffgewinnung in Afrika, die chinesischen Fabriklandschaften, in denen die Apparate unter zweifelhaften Arbeitsbedingungen gefertigt wurden, sind im Leben der Nutzer ebenso wenig existent wie die Programmierbüros im Silicon Valley. »Ihre Herkunft, ihr Entstehungsprozess [...] liegt im Verborgenen. Nichts an ihnen deutet an, aus welchem Rohstoff sie entstanden, durch welche Hände sie gegangen und aus welchen Maschinen sie entsprungen sind, welche Fließbänder sie sortiert und welche Fahrzeuge sie transportiert haben. Eines Morgens sind sie da. Und nur gerüchteweise weiß der moderne Mensch von jenen Friedhöfen, Halden, Verbrennungsanlagen und Endlagern, wo die Dinge ihre letzte Bestimmung finden«[38]. Die letzte Bestimmung des Menschen scheint immer mehr eine technische zu sein.

Die Einspeisung in algorithmisierte Konnektivität wirft tatsächlich die Frage nach eigentlicher Handlungsmacht in digitalisierten Umwelten auf. Humane Handlungsautonomie in soziotechnischen Umgebungen wird in aktuellen Arbeiten zur »Neurotechnologie« virulent diskutiert. Gerade die Frage danach, »wer handelt und was funktioniert«, ist allerdings oft nicht so leicht zu beantworten.[39] Im Kontext blackbox-artiger Verflochtenheit muss die Frage nach wirklicher autonomer Aktivität sogar zwingend neu gestellt werden. Das Handeln bzw. Reagieren der Menschen findet mittlerweile in einem vielschichtig aufeinander verweisenden Produktekanon statt, der in seiner Ausdifferenzierung immer komplexer werdenden Eigengesetzlichkeiten unterliegt. Die zweite Welle der zweiten Natur bringt so gesehen Naturgesetzmäßigkeiten zweiter Ordnung mit sich. »Durch die Einrichtungen intelligenter Umgebungen werden die Oberflächen und Texturen des Alltagslebens durch alle Arten von softwaregesteuerten Geräten verstärkt, gesteuert, angetrieben. Es geht um die Genese einer Prozessrealität, die immer mehr von dem, ›was einmal als menschlich erschien, in Form von kleinen kognitiven Assistenten, auf die nun präkognitiv zurückgegriffen wird, in die Umwelt verlegt‹, nicht ohne dabei gleich auch« – und das ist nun die entscheidende Pointe – »die neue technische Welt direkt ins Unbewusste einzuarbeiten«[40]. Es kommt mit der immer unscheinbarer werdenden maschinellen Umgebung zu einer radikalen ontologischen Umstellung. Die Internalisierung der »exterioren Maschinenkultur« führt zu einer Aushebelung der psychischen und kollektiven Strukturierungsmacht von Sprache, die – nach Guattari bereits in den 1980er Jahren – in einer Art »computergestützten Subjektivität« endet. Erich Hörl beschreibt die Entwicklung hin zur technischen Subjektivität folgendermaßen: »Auf den überkommenen subjektiven Transzendentalismus des Schriftzeitalters folgt die transzendentale Technizität einer ökotechnologischen Prozesskultur, die bereits unsere heutige Erfahrung grundiert«[41]. Nicht der Mensch in der Introspektion ist mehr fähig zur sublimen transzendentalen Erkundung seiner selbst, sondern über die Apparate wird diese – im deutschen Idealismus noch als explizites Indiz für das Menschsein schlechthin geltende – Fähigkeit ausgelagert.

Verzifferung

Diese Bedeutungsverschiebung verweist auf eine tieferliegende Dimension. Sie geht an die Grundfunktion des Computers: die Verzifferung. Friedrich Kittler stellte hier zunächst eine prinzipielle Nivellierung von Unterschieden fest: »Ob Digitalrechner Töne oder Bilder nach außen schicken, also ans sogenannte Mensch-Maschine-Interface senden oder aber nicht, intern arbeiten sie nur mit endlosen Bitfolgen, die von elektrischen Spannungen repräsentiert werden.«[42] Der Unterschied zwischen Tinte auf Papier und symbolisierten Bitfolgen auf dem Monitor liegt insofern nicht in einem möglichen qualitativen Unterschied bezüglich der überbrachten Nachricht. Entscheidend ist – und hier wird es explizit medientheoretisch –, dass die Tinte auf Papier ein nachvollziehbares physisches Ereignis darstellt, während die symbolisierten Bitfolgen, samt der Programmierung des Computers, dem Lesenden verborgen bleiben. Tinte auf Papier lässt sich direkt anfassen, verwischen, riechen, falten, zerreißen, zerknüllen, abfotografieren. Die unendlichen Rechenfolgen samt ihrer Materialien, also der Siliziumchips zur Verarbeitung und Speicherung, der Golddrähte und Kupferbahnen zur Übertragung, der optischen Systeme aus Glasfaserkabeln bis hin zu den optischen Schaltkreisen, bleiben im Verborgenen. Die wahre Digitalität zeigt im Grunde nur ihr Rechenergebnis in Form von Pixeln auf dem Bildschirm. An sich ist das mediale Ereignis selbst unbeobachtbar. Was der Leser der auf dem Monitor aufblinkenden Zeilen sieht, sind ausschließlich die Effekte der digitalen Rechenleistung. Tatsächliches Material des Mediums ist (ab den frühen 1950er Jahren) die unendliche nackte Zahlenkolonne.

Erst mit der Einführung von Betriebssystemen (bspw. UNIX ab den 1960er Jahren) wurde aus der Zahlenkolonne so etwas wie eine eindimensionale Kommandozentrale. Mit ihr fand die erste Verdeckung, eine erste Entstellung des Materials statt, die es zudem manipulierbar machte. Im nächsten Schritt entwickelte Apple (ab den 1970er Jahren) eine graphische oder zweidimensionale Benutzeroberfläche, und damit kam eine weitere Dimension des Verbergens und der Manipulierbarkeit hinzu. Somit stehen wir mit einem Betriebssystem und der zugehörigen Benutzeroberfläche bereits vor der zweifachen Brechung des ursprünglichen Materials. »Was sich in Siliziumchips, die aus demselben Element wie jeder Kieselstein am Wegrand bestehen, rechnet und abbildet, sind symbolische Strukturen«. Kittler nennt es »Verzifferungen des Reellen«[43]. Die Verzifferung des Reellen, die hinter ihrer Entschlüsselung stattfindenden mathematischen Gleichungssysteme, die endlosen Bitfolgen, die als elektrische Spannungen repräsentiert werden, die komplexe Genese der Pixel und Symbole also, die auf dem Bildschirm erscheinen, sind allesamt Ereignisse, die dem Nutzer zum einen verborgen bleiben *und* ihre Wirkung haben. Die Überlagerung des eigentlichen Materials, sprich: der unendlichen Zahlenkolonnen, die Unkenntnis der Programme, die codierten Ideen der Programmierer, ein fehlendes Bewusstsein für deren Macht, die blinde Verwendung von Benutzeroberflächen und Betriebssystemen machen den vermeintlich neutralen Nutzer zum gelenkten Nutzer, zwingen ihn in die reduzierte Rolle des Anwenders.

Es ist ganz gleich, was man mit dem Computermedium macht, es bleibt die Illusion des Anwenders, eigenen Impulsen genuiner Kreativität gefolgt zu sein. Denn gefolgt ist man ausschließlich einem ganzen Konglomerat an Vorbedingungen, die zur Verdeutlichung nochmal aufgezählt werden: dem Programmierer, dem Programm, der Benutzeroberfläche, dem Betriebssystem und schließlich den Zahlenkolonnen der Bits und Bytes. Illusionär ist die Vorstellung von einer wirklich autonomen Nutzung des Computermediums ohne fundiertes Wissen zu Programmiersprachen, Programmierern, Betriebssystemen, zugehörigen Machtzentren. Wer nicht die Programmiersprachen samt mathematisch-physikalischem und technischem Wissen beherrscht, ist – wie Vilém Flusser es bereits in den 1980er Jahren erahnen konnte – »Analphabet in einem mindestens so radikalen Sinn, wie es die der Schrift Unkundigen in der Vergangenheit waren«. Die hier geforderte kritische Medientheorie muss auf dieses strukturelle Unwissen in der breiten Gesellschaft, das in etwa dem Unwissen der agrarisch strukturierten Gesellschaft des frühen Mittelalters bezüglich der Schrift gleichkommt, hinweisen. Das meistgenutzte Medium der Gegenwart ist den Nutzenden so fremd, dass sie im Grunde wie eine Gruppe analphabetischer Bauern im Mittelalter mit Feder und Papier nichts Besseres anzufangen weiß als das Malen von Hühnern. Sie nutzt das Medium, wie es der Bauer getan hätte, zu etwas anderem als dem ihm innewohnenden Zweck. Eben wie die damalige intellektuelle Elite der Schriftgelehrten in den Koordinaten des neuen Mediums dachte und die ihr zugehörige Tiefenaufmerksamkeit kultivierte, so denken die heutigen Programmiereliten nicht mehr in Worten, sondern in Zahlen, in Formen, in Bewegtbildern. »Die Regeln ihres Denkens sind mathematisch [...] aber weniger ›logisch‹. Es ist ein immer weniger diskursives und immer mehr synthetisches, strukturelles Denken.« Worauf läuft diese Entwicklung hinaus? Das möchte man Vilém Flusser fragen. Er wusste, dass das Lesen von Buchstaben »künftig als ein Symptom von Rückständigkeit gelten« wird, »wie etwa in der Neuzeit ein magisch-mythisches Verhalten«[44].

Mythos

Dabei entwickelt sich das digitale Gebaren der weltweiten Anwendergemeinde zum magisch-mythischen Verhalten der Gegenwart. Zu keiner Tages- und Nachtzeit werden die Rituale vernachlässigt. Darin bescheidet sich der Inhalt selbst in der unendlichen Verdopplung des empirisch Gegebenen. Die obligatorischen Bilder vom Sonntagsspaziergang, vom Stadionbesuch, vom Essen im Restaurant sind allesamt Teil eines Bilderkultes, über den sich die Anwender ihrer Technikgläubigkeit vergewissern. Dabei lässt sich – der Aufklärungsdialektik Adornos folgend – genau hier die folgende Ambivalenz ausmachen: Während das reale Leben über die beständige Bebilderung immer weniger rätselhaft und immer weniger geheimnisvoll wird, findet genau über diesen sinnentleerten Aktionismus die Gesellschaft in den Mythos zurück. Das mediale Handeln ist der heutige irrationale Auswuchs der durchrationalisierten Gesellschaft. Die Digitalisierung von Allem – der Erdoberfläche, des Nachthimmels, der Geburt und des Sterbens – macht ein heutiges An-der-Maschine-Vorbeiexistieren faktisch immer unmöglicher. Man kann sich ihr nicht mehr entziehen.

Im Zuge dieser Überlegungen wird der ontologisch höherstehende Apparat immer realer. Der »Endzustand, in dem es Einzelmaschinen deshalb nicht mehr geben wird, weil diese dann alle als Maschinenteile in den Schoß der einen allein seligmachenden Maschine eingegangen sein werden«, erscheint heute mit dem weltumspannenden Computernetzwerk verwirklicht. Wir befinden uns mit unseren tragbaren Konvergenzmedien überall und zu jeder Zeit im »gerät-eschatologischen Reiche der Glückseligkeit«[45]. Unselig derjenige, der sich ihm verweigert. Ketzerisch derjenige, der dem Gebot des Bildschirms nicht folgt. Dem »unbeschreiblichen elektronischen Gott«, den Lewis Mumford einst proklamierte, soll ohne Unterbrechung gehuldigt werden.[46] Zentral hier der permanent verabreichte, vorschriftsmäßige Spaß am Gerät. Wobei sich die Fun-Rituale der Community immer weiter ausdifferenzieren. Waren es vor fünfzehn Jahren noch erste MP3-Player- und Kamerahardwares, die in Handys verbaut wurden, sind es heute die Gesichtserkennungsfunktion und kabellose Ladetechnologie, die bei der Nutzung des Geräts zu noch mehr Komfort und Unterhaltung beitragen. Bei Adorno und Horkheimer war es bereits die »fortwährende Anpassung an neue technische Bedingungen«, bei gleichzeitiger Verwirklichung eines totalitären ökonomischen Diktats. Sie sprechen von drei verschiedenen Kulten, die den Medien ihrer Zeit implizit sind: 1. dem

»Kultus der Tatsache«, 2. dem »Kultus des Billigen« und 3. dem »Kultus der Prominenz«[47].

Ein Blick in die Sozialen Medien unserer Zeit bestätigen jede einzelne ihrer Kulttheorien. Die unendliche Bebilderung der alltäglichen Handlungen, die über Follower, Likes und Kommentare gereiht werden, unterliegt ausnahmslos den Regeln des Aufmerksamkeitskapitalismus. Es sind, ihrer »Dialektik der Aufklärung« entsprechend, die neuen religiösen Handlungen des kulturindustriellen Zeitalters. Im Zentrum dieser Mythologie steht bei beiden der folgende Widerspruch: Der für die Befreiung des Menschen aus den Zwängen der Natur wesentliche technische Fortschritt erfährt seine totale Überhöhung in einer durchrationalisierten Industriegesellschaft. Er katapultiert sich mit seiner Technik so weit übers Ziel hinaus, dass sich mittlerweile eine ontologische Inversion des Mensch-Maschine-Verhältnisses vollzogen hat. Der Mensch ist nicht mehr das Subjekt der Geschichte, sondern die Technik. Die Allgegenwärtigkeit und Intensität der Computerisierung macht Technik mehr denn je zum neuen Mythos. Sie ist da, weil sie da ist. Sie ist Verheißung, Schicksal. Einem antiken Ritual folgend sind es nicht mehr die Gedärme der Opfertiere, die wir prognostisch lesen zu lernen haben, »sondern die der Apparate. Diese verraten uns die Welt von morgen und den Typ unserer Kindeskinder, sofern es solche noch geben wird«[48]. Das Endstadium der Menschheit ist laut Vertretern des Transhumanismus offiziell erreicht.

Dass der Mensch heute nicht mehr ohne Technik denkbar ist und in Zukunft immer weniger »nur« Mensch sein kann, sondern sich immer mehr in eine technologische Kreatur verwandeln wird, ist keine eigenwillige, überzogene Deutung eines sensiblen Kulturkritikers mehr. Die Antiquiertheit des Menschen ist im Zuge transhumanistischer Überlegungen weder Provokation noch Kritik, sondern vielmehr das Gegenteil: das Hochhalten einer nahenden paradiesartigen Zukunft, in der android- bzw. cyborgartige Zwitterwesen sich der Unvollkommenheiten – »des Makels« – der menschlichen Existenz entledigt haben. Es ist heute faktisch so, wie der Futurologe

Anders es einst provokativ formulierte: Der Mensch ist antiquiert. Nicht er ist mehr das Maß der Dinge, sondern die ihn umgebende Technik. Auch wenn die Ideen des Transhumanismus für den Einzelnen im Alltag noch nicht wirklich ins Gewicht fallen und noch als fortschrittsromantische Verheißung aus Kalifornien einzustufen sind – die Entwicklung des literalen, tiefenaufmerksamen Menschen hin zu digitalen, hyperaufmerksam-roboterartigen Hybridwesen findet unaufhaltsam statt. Wir sehen es exemplarisch an den hoch subventionierten Bemühungen der Kultusministerien, die Schulen zu computerisieren. Insbesondere die Problematik der Auslagerung von Erkenntnis in die algorithmisierten Programme, die pausenlose Nähe zum Gerät sowie der unumstößliche Glaube an die Notwendigkeit der Entwicklung geben darüber Aufschluss.

Anders' Übertragung des anthropologischen Initiationsritus in die Technik fand unter dem Vorzeichen des »Human Engineering« statt. Bereits damals wurden zahlreiche Experimente im Bereich der Verschränkung von Technik und Mensch durchgeführt, die Anders zum Anlass nahm, seine Umkehrung des Subjekt-Objekt-Verhältnisses und die gleichzeitige Minderwertigkeit des Menschen im Angesicht der selbstgeschaffenen Technik zu untermauern. Die Aufnahme in die Gemeinschaft der Erwachsenen, also »in die Zahl derer, die ›zählen‹«, fand dabei nicht mehr nur über das Gerät statt, sondern waren bei ihm bereits die Geräte selbst. Die Versuchspersonen des »Human Engineering« waren die »Neophyten« einer neuen, sich weltweit ansiedelnden Spezies, deren Kindheit und Pubertät in der erwachsenen Anwendung des Geräts endete. Anders sah im Wunsch, sich dem Gerät so gut wie möglich anzugleichen, das »summum bonum totaler Anwendbarkeit«[49]. Die Initiation der neuen Lebensphase war dann geglückt, wenn der Einzelne sich der ihm natürlich innewohnenden Spontaneität und Menschlichkeit entledigt hatte, wenn er also seine Passivierung und Verdinglichung vorangetrieben hatte und so selbst zur Maschine geworden war. Anders erkannte hier die »Klimax der Dehumanisierung«[50].

Insbesondere die Rolle des heutigen »Anwenders« gewinnt im Kontext der hier angestellten Bezugnahmen auf Anders' Initiationsritus im Roboterzeitalter eine neue Qualität. Der Begriff »Anwender« verdeutlicht die strukturelle Unmöglichkeit wirklich autonomer Aktivität und Freiheit. Die verschiedenen medialen Setzungen zwingen den Einzelnen ohne Pause in verschiedene vorgegebene Anwendungsmodi, denen er nicht mehr entkommen kann.

Kapitel 4

Freiheit

Zellen im Gewissheitshaus

Michel Foucault hatte mit der Analyse des panoptischen Baukonzepts von Gefängnissen mehr im Sinn als nur die Beschreibung eines architektonischen Kuriosums. »An der Peripherie ein ringförmiges Gebäude; in der Mitte ein Turm, der von breiten Fenstern durchbrochen ist, welche sich nach der Innenseite des Rings öffnen; das Ringgebäude ist in Zellen unterteilt, von denen jede durch die gesamte Tiefe des Gebäudes reicht; sie haben jeweils zwei Fenster, eines nach innen, das auf die Fenster des Turms gerichtet ist, und eines nach außen, so daß die Zelle auf beiden Seiten von Licht durchdrungen wird. Es genügt demnach, einen Aufseher im Turm aufzustellen und in jeder Zelle einen Irren, einen Kranken, einen Sträfling, einen Arbeiter oder einen Schüler unterzubringen. Vor dem Gegenlicht lassen sich vom Turm aus die kleinen Gefangenensilhouetten in den Zellen des Ringes genau ausnehmen. Jeder Käfig ist ein kleines Theater, in dem jeder Akteur allein ist, vollkommen individualisiert und ständig sichtbar. Die panoptische Anlage schafft Raumeinheiten, die es ermöglichen, ohne Unterlass zu sehen und zugleich zu erkennen«.

Das Prinzip des Panoptikums popularisierte der britische Philosoph und Jurist Jeremy Bentham. Er griff die Idee seines Bruders Samuel auf und modelte sie zur universellen Architektur für alle möglichen gesellschaftlichen Bereiche um. Samuel, der als Ingenieur im Russland des ausgehenden 18. Jahrhunderts mit einer schlecht ausgebildeten Arbeiterschaft zu kämpfen hatte, änderte aus der Not die Aufstellung der Werkbänke in einer Fabrikhalle. Wesentlich bei seiner Umstrukturierung:

der zentrale Observationspunkt inmitten kreisförmig angeordneter Arbeitsplätze. Ziel war es, den unmotivierten Arbeitern auf die Finger schauen zu können, um bessere Fertigungsergebnisse zu erzielen. Dies gelang. Ein anderer unerwarteter Effekt führte jedoch zur bahnbrechenden »panoptischen« Erkenntnis: die Disziplin- und Qualitätssteigerung ging nicht auf die direkte Einflussnahme des im Zentrum befindlichen Vorarbeiters zurück; sie entwickelte sich aus der Architektur der Neuanordnung selbst, in der sich jeder Arbeiter beobachtet fühlte. Es genügte, in der zentralen Sichtnähe zum Arbeiter zu sitzen, um die Produktion in Quantität und Qualität zu steigern. Samuels Bruder Jeremy war tief beeindruckt und entwickelte voller Enthusiasmus das panoptische Baukonzept als Lösung für die Probleme in allen Bereichen der Gesellschaft: Ob Fabrik, Schule, Krankenhäuser oder Gefängnisse – das Baukonzept schien für jede Art der Überwachung von Arbeitsprozessen geeignet zu sein. Obwohl er mit seinem Panoptikon zu Lebzeiten nur wenig Erfolg hatte und kaum nach seinen Vorlagen gebaut wurde, machte es Michel Foucault zwei Jahrhunderte später zum Symbol für die perfide Struktur moderner Disziplinargesellschaften.

Foucaults Erfolg mit seinem Buch »Überwachen und Strafen« verdankt sich nicht zuletzt dem skurrilen Freiheitsverständnis der frühen britischen Utilitaristen. Für sie war Freiheit eng an die staatliche Überwachung geknüpft. Bei Thomas Hobbes war der Mensch noch des Menschen Wolf. Frei konnte folglich nur derjenige sein, der sich von den staatlichen Gewalten observiert wusste. Die Menschen waren also Raubtiere und die Sittlichkeit vor ihnen zu schützen. Hauptaufgabe des Staates war demgemäß die Gewährleistung einer überwachten und disziplinierten Gesellschaft. Knackpunkt beim panoptischen Baukonzept war die kluge Architektur, die durch die Ermöglichung allgegenwärtiger Präsenz genug Einschüchterung gewährleistete, um im Einzelnen und der Gesellschaft ein Höchstmaß an disziplinierender Wirkung zu entfalten. Foucault erkannte in der perfiden Architektur »die Schaffung eines bewussten und permanenten Sichtbarkeitszustandes«, der »das automatische Funktionieren der Macht sicherstellt. Die Wirkung der Überwachung ist permanent, auch wenn ihre Durchführung sporadisch ist; die Perfektion der Macht vermag ihre tatsächliche Ausübung überflüssig zu machen; der architektonische Apparat ist eine Maschine, die ein Machtverhältnis schaffen und aufrechterhalten kann, welches vom Machtausübenden unabhängig ist«.

Interessant dabei ist, dass die Überwachung und der Überwacher selbst nicht mehr das Thema sind. Es kommt zu einer strukturellen Bedeutungsverschiebung, bedingt durch die unverrückbare Installation der Überwachungs*möglichkeit.* Im panoptischen Gefängnis genügt die Repräsentation der Überwachung im Zentrum des Zellenrings in Form eines Wachturms, der von den Gefangenen nicht eingesehen werden kann. Die Anwesenheit des Wächters ist also gar nicht vonnöten, der Akt der Überwachung selbst auch nicht, weil es lediglich darauf ankommt, dass der Häftling sich überwacht weiß. Für das panoptische System ist somit notwendig, dass die Macht sichtbar, aber uneinsehbar ist; »sichtbar, indem der Häftling ständig die hohe Silhouette des Turms vor Augen hat, von dem aus er bespäht wird; uneinsehbar, sofern der Häftling niemals wissen darf, ob er gerade überwacht wird; aber er muss sicher sein, dass er jederzeit überwacht werden kann. Damit die Anwesenheit oder Abwesenheit des Aufsehers verborgen bleibt, damit die Häftlinge von ihrer Zelle aus auch nicht einen Schatten oder eine Silhouette wahrnehmen können, hat Bentham nicht nur feste Jalousien an den Fenstern des zentralen Überwachungssaales vorgesehen, sondern auch Zwischenwände, die den Saal im rechten Winkel unterteilen, und für den Durchgang von einem Abteil ins andere keine Türen: denn das geringste Schlagen, jeder Lichtschein durch eine angelehnte Tür hindurch könnten die Anwesenheit des Aufsehers verraten. Das Panopticon ist eine Maschine zur Scheidung des Paares Sehen/Gesehenwerden: Im Außenring wird man vollständig gesehen, ohne jemals zu sehen; im Zentralturm sieht man alles, ohne je gesehen zu werden.

Diese Anlage ist deswegen so bedeutend, weil sie die Macht automatisiert und entindividualisiert. Das Prinzip der Macht liegt weniger in einer Person als vielmehr in einer konzertierten Anordnung von Körpern, Oberflächen, Lichtern und Blicken; in einer Apparatur, deren innere Mechanismen das Verhältnis herstellen, in welchem die Individuen gefangen sind. Die Zeremonien, Rituale und Stigmen, in denen die Übermacht des Souveräns zum Ausdruck kam, erweisen sich als ungeeignet und überflüssig, wenn es eine Maschinerie gibt, welche die Asymmetrie, das Gefälle, den Unterschied sicherstellt. Folglich hat es wenig Bedeutung, wer die Macht ausübt«[51]. Weder der Akt der Überwachung noch der Überwachende sind in der panoptischen Architektur des Gefängnisses von Bedeutung. Die Architektur selbst ist es, die die Gewalt der Disziplinierung ausübt. So kommt jedem Insassen der exakt gleiche institutionelle Grad der Überwachung zu. Dabei entwickelt der Überwachte ein eigenartiges Verhältnis zum anonymen – weil unsichtbaren – Überwacher. »Das Panopticon ist eine wundersame Maschine, die aus den verschiedensten Begehrungen gleichförmige Machtwirkungen erzeugt. Eine wirkliche Unterwerfung geht mechanisch aus einer fiktiven Beziehung hervor, so daß man auf Gewaltmittel verzichten kann, um den Verurteilten zum guten Verhalten, den Wahnsinnigen zur Ruhe, den Arbeiter zur Arbeit, den Schüler zum Eifer und den Kranken zur Befolgung der Anordnungen zu zwingen. Bentham wunderte sich selber darüber, daß die panoptischen Einrichtungen so zwanglos sein können: Es gibt keine Gittertore mehr, keine Ketten, keine schweren Schlösser; es genügt, wenn die Trennungen sauber und die Öffnungen richtig sind. Die Wucht der alten ›Sicherheitshäuser‹ mit ihrer Festungsarchitektur läßt sich durch die einfache und sparsame Geometrie eines ›Gewißheitshauses‹ ersetzen«[52].

Von einer einfachen und sparsamen Geometrie lässt sich im globalen, komplex verrechneten Gewissheitshaus der Gegenwart zwar nicht sprechen. Die technischen Zusammenhänge, in die wir Anwender eingebettet sind, sind den meisten nicht verständlich. Und doch entwickelt sich genau hier die neue Dimension der Uneinsehbarkeit eines digitalen Wachturms in der Mitte der weltumspannenden Anwendercommunity. Wir leben heute ohne Ausnahme im Gewissheitshaus, das mehrere Wachtürme im Zentrum stehen hat. Google, Facebook, staatliche Spionageorganisationen – wir wissen nicht, ob wir überwacht werden. Wir wissen auch nicht, wer uns überwacht. Wir leben im fortwährenden Bewusstsein der beständigen (potentiellen) Überwachung. Potentiellen – denn im globalen Panoptismus der Digitalgesellschaft ist es völlig unerheblich, ob tatsächlich überwacht wird. Die Architektur des von Google und Facebook dominierten Internets macht die Überwachung selbst und denjenigen, der überwacht, auch heute zu sekundären Größen.

Ex-Google-Chef Eric Schmidt formulierte in diesem Zusammenhang das Leitmotiv der panoptischen Struktur der Totaldigitalisierung: »If you have something you don't want anyone to know, maybe you shouldn't be doing it in the first place«[53]. Der disziplinarische Imperativ der stets offenen Kanäle des WWW. könnte kaum griffiger formuliert werden. Foucaults Untersuchungen führten ihn an das Epizentrum des britischen Utilitarismus. Nur unter der Berücksichtigung des britischen utilitaristischen und schließlich amerikanischen pragmatistischen Verständnisses von Freiheit ergibt das haarsträubende Zitat von Schmidt Sinn. Indem überwacht wird, wird der größtmöglichen Anzahl der Anwender das größtmögliche Glück in Form einer sicheren, weil unbescholtenen digitalen Lebensführung zuteil. Benthams Freiheitsbegriff, seine Vorstellung von einer totalen Disziplinargesellschaft und die damit zusammenhängende Idealisierung der Überwachung, ist der geistige Ursprung von Schmidts psychotisch anmutender Äußerung. Es geht um Macht. Die Totaldigitalisierung bietet die Ausweitung und Perfektionierung von Macht.

Verblüffend in diesem Zusammenhang sind Foucaults Ausführungen zur Theorie der verpesteten Stadt. Sie entpuppen sich heute in Zeiten von Covid-19 als hellsichtige Prognose. Foucault spricht von der Angst und dem Schrecken vor der Ansteckung als Grundemotion, die die »verpestete Stadt« zum perfekten panoptischen Versuchslabor macht. Die drohende tödliche Erkrankung zerteilt die Gesellschaft in die kleinsten möglichen Einheiten. Was im panoptischen Gefängnis die Zellwände gewährleisten – die Trennung vom anderen Häftling –, passiert in der verpesteten Stadt von ganz alleine: Die Menschen isolieren sich und ihre Kommunikation wird durch die Angst vor der Ansteckung verhindert. Somit wird die verpestete Stadt nach Foucault zur »Utopie der vollkommen regierten Stadt/Gesellschaft«.

Auch ohne Pandemie stellt die totalvernetzte globale Anwendercommunity ein noch viel perfekteres Versuchsfeld für Machtspiele dar, »weil es die Möglichkeit schafft, dass von immer weniger Personen Macht über immer mehr ausgeübt wird; weil es Interventionen zu jedem Zeitpunkt erlaubt und weil der ständige Druck bereits vor der Begehung von Fehlern, Irrtümern, Verbrechern wirkt«. Gerade seine Beschreibung der perfiden Wirkung der permanenten panoptischen Überwachung wirkt – aus heutiger Sicht – gespenstisch aktuell. Die Macht der gegenwärtigen Überwacher besteht nämlich gerade darin, »niemals eingreifen zu müssen, sich automatisch und geräuschlos durchzusetzen, einen Mechanismus von miteinander verketteten Effekten zu bilden«. Das Digitalpanoptikum ist Verstärker für jeden beliebigen Machtapparat: »es gewährleistet seine Ökonomie (den rationellen Einsatz von Material, Personal, Zeit); es sichert seine Präventivwirkung, sein stetiges Funktionieren und seine automatischen Mechanismen. Es ist eine Methode der Machterlangung ›in einem bisher beispiellosen Ausmaß‹, ›ein großes und neues Regierungsinstrument; seine Außerordentlichkeit besteht in der großen Kraft, die es jeder Institution, auf welche man es anwendet, zu geben imstande ist‹ Also so etwas wie ein Ei des Kolumbus im Bereich der Politik. Das Panopticon kann sich wirklich in jede Funktion integrieren (Erziehung, Heilung, Produktion, Bestrafung); es kann jede Funktion steigern, indem es sich mit ihr innig vereint; es kann ein Mischsystem konstituieren, in welchem sich die Macht- (und Wissens-)beziehungen genauestens und bis ins Detail in die zu kontrollierenden Prozesse einpassen; es kann eine direkte Beziehung zwischen der Machtsteigerung und der Produktionssteigerung herstellen. Die Machtausübung setzt sich somit nicht von außen, als strenger Zwang oder drückendes Gewicht, gegenüber den von ihr besetzten Funktionen durch, vielmehr ist die Macht in den Funktionen so sublim gegenwärtig, daß sie deren Wirksamkeit steigert, indem sie ihren eigenen Zugriff verstärkt«.[54]

Ein ums andere Mal verblüffend ist die Übertragbarkeit von Foucaults Überlegungen auf die digitalisierte Gesellschaft. Er selbst übertrug das Ordnungsprinzip des panoptischen Baukonzepts auf die Mechanismen der Überwachungsgesellschaft seiner Zeit. Eine Zeit, in der die Menschen schon unbewusst vollständig den disziplinierenden Mächten der staatlichen Institutionen unterworfen waren. Aus heutiger Sicht mutet der institutionelle Überwachungsgrad jedoch harmlos an. Wir erinnern uns: Auf die 1983 verkündeten Pläne der Bundesregierung, eine landesweite Volkszählung durchzuführen, reagierte die Bevölkerung mit Protesten. »Meine Daten gehören mir«, hieß es auf landesweiten Demonstrationen gegen den geplanten Einschnitt in die Privatsphäre der Menschen. »Das Recht auf informationelle Selbstbestimmung« stammt aus dem historischen Urteil des Bundesverfassungsgerichts, das die geplante Volkszählung zunächst stoppte. Vier Jahre später wurde sie dann, entgegen erneuten Protesten, durchgeführt. Heute erscheinen die Proteste gegen die Volkszählung wie aus einer anderen Welt. Sie muten naiv und utopisch an, denn die heutige Dimension der freiwilligen Offenlegung von Daten kann mit dem, wogegen sich die Bewegung der 1980er Jahre richtete, nicht mehr auf einen Nenner gebracht werden.

Foucaults Analysen – denen zu seiner Zeit noch ein gewisses Moment der Übertreibung anhaftete – wirken heute wie eine passgenaue Allegorie auf unser Zeitalter der digitalen Totalüberwachung. Mit dem Smartphone im Always-on-Modus samt GPS-Tracking und HD-Kamera wirkt Foucaults Psychografie des panoptischen Gefängnisbaus wie ein Leitmotiv unserer Zeit. Hinzu kommt das ökonomische Diktat der frühen Industrialisierung. Zentral war hier die Frage, wie die Industriearbeiterschaft zu Produktivität und Disziplin angehalten werden konnte. Bentham war sich sicher: »Das Panopticon bietet dafür die Lösung an, daß die Produktionssteigerung der Macht nur möglich ist, wenn die Macht ohne Unterbrechung bis in die elementarsten und feinsten Bestandteile der Gesellschaft eindringen kann«[55]. Das von Mark Zuckerberg ausgerufene Ende der Privatsphäre ließ in diesem Zusammenhang vor einiger Zeit aufhorchen, nicht nur aufgrund der schieren Brutalität der Aussage bei gleichzeitiger geschäftsmäßiger Gelassenheit im Ton. Zuckerberg würde heute niemand mehr widersprechen. Seine Feststellung steht exemplarisch für die fast unmerkliche Diffusion der Weltbevölkerung in den Zustand der digitalen Panoptik. »Aus den Disziplinen, die im klassischen Zeitalter des 17. und 18. Jahrhunderts an bestimmten, relativ geschlossenen Orten – Kasernen, Kollegs, Manufakturen – ausgearbeitet worden sind und deren umfassenden Einsatz man sich nur im begrenzten und vorübergehenden Rahmen einer verpesteten Stadt vorstellen konnte, aus diesen Disziplinen ein die Gesamtgesellschaft lückenlos überwachendes und durchdringendes Netzwerk zu machen, ist der Traum Benthams. Das Panopticon liefert die Formel für diese Verallgemeinerung. Es programmiert auf der Ebene eines einfachen und leicht zu übertragenden Mechanismus das elementare Funktionieren einer von Disziplinarmechanismen vollständig durchsetzten Gesellschaft«[56].

Suggestion von Wahlfreiheit

Platons Perspektive auf den vielleicht wertvollsten lebenspraktischen wie ideellen Wert des Einzelnen ist noch geprägt von der Sklavenhaltergesellschaft seiner Zeit. Für ihn sind die Menschen frei, die erstens »Herrschaft über sich besitzen« und zweitens mit dieser Herrschaft über sich etwas anfangen zu wissen, sprich: mit ihrer Autonomie eine »selbständige Lebensführung« kultivieren. Freiheit bezeichnet in beiden Fällen die aktive Aneignung der Kontrolle über sich selbst. Der Begriff »Freiheit« selbst kommt vom indogermanischen »frī-halsa« und kann folgendermaßen übersetzt werden: »jemand, dem sein Hals selbst gehört«. Man spricht seit jeher von äußerer Freiheit, also der Freiheit von den Zwängen, die einem von Anderen auferlegt werden können, und von der inneren Freiheit im Sinne einer unbeschränkten psychisch-emotionalen Grundkonstitution im Handelnden selbst.

Beide Freiheitsmomente müssen heute in Koexistenz zur Geräteanwendung gedacht werden. Die äußere wie die innere Freiheit ereignen sich in permanenter Nähe zum Gerät, in der leicht gebeugten Haltung über den Bildschirmen, während des Streichens, Tippens, Akku-Ladens. Sie unterliegen den prägenden Strukturen der Programme – dem permanenten Zugriff, der Suchbarkeit und der einfachen Streichbarkeit (Verteilung) der Inhalte und dem sich stets erneuernden content in »realtime«[57]. Der Mensch als »nicht festgestelltes Thier«[58] wird zur determinierten Gestalt im Konvolut der technischen Anwendungszusammenhänge. Ob obsoleter Literat oder Digital Native, die genutzten Programme bleiben dem Einzelnen in ihrer technischen Funktionsweise jedoch prinzipiell äußerlich. Von einer Kontrolle über die Technik kann – gerade bei der versierten Anwendung – nicht die Rede sein. Die Programme werden aber ausnahmslos und radikal in den Alltag integriert. Hier relativiert sich automatisch Freiheit als Ausdruck von Autonomie (der Herrschaft über sich) und selbständiger Lebensführung. Joseph Weizenbaum beschreibt diesbezüglich eine neue Qualität der Macht einer bestimmten Personengruppe: »Der Programmierer ist [...] der Schöpfer von Universen, deren alleiniger Gesetzgeber er ist. Das trifft natürlich für jeden Erfinder eines Spiels zu. Aber in Form von Computerprogrammen können Universen von möglicherweise unbegrenzter Komplexität geschaffen werden. Außerdem, und das ist der springende Punkt, handeln die so formulierten und entwickelten Systeme ihren eigenen Programmen gemäß. Sie gehorchen bereitwillig ihren Gesetzen, und ihr folgsames Verhalten macht sich allenthalben bemerkbar. Kein Dramatiker, kein Regisseur und kein noch so mächtiger Herrscher haben jemals eine so absolute Macht ausgeübt, eine Bühne oder ein Schlachtfeld zu arrangieren und dann so unerschütterlich gehorsame Schauspieler, bzw. Truppen zu befehligen«[59].

Die vielfältigen Angebote im Bereich Social Media können als die gegenwärtig lebendigsten und erfolgreichsten »Systeme« gedeutet werden, die nach Weizenbaum den deduzierten Spielregeln der Programme »gemäß handeln«. Zwar wird dem Anwender der Programme nichts wirklich »befehligt«. So kommen aber doch mit der vermeintlich freien Nutzung die »Gesetze« des Programms und mit ihnen das »folgsame Verhalten« der vielen Anwender ganz unmerklich zum Tragen. Auf lange Sicht werden mit der Nutzung die Lebensmodi des Sichverkaufens, des Sichanpreisens, des Reputationsmanagements, des Schmeichelns kultiviert. Denn »der oberste Grundsatz einer nutzerorientierten Plattform im Silicon Valley ist, dem Nutzer zu schmeicheln, soviel es irgend geht. Schmeichelei ist ein uraltes Spiel. Und wir im Silicon Valley haben es darin zur Meisterschaft gebracht. Wir verschaffen dem Nutzer die Illusion, dass er viel beliebter ist, als er in Wirklichkeit dasteht. Das nimmt zuweilen erpresserische Züge an. Die Menschen bekommen es mit der Angst, ihre Beliebtheit zu verlieren, wenn sie sich nicht den Regeln unterwerfen, die in den Netzwerken gelten. Also wird es ein Kontrollsystem. Eine klassische kybernetische Kontrolle. Wie eine Skinner-Box«[60].

Das gegenseitige Streicheln der Eitelkeiten führt zu eigenen Gesetzmäßigkeiten, die als sogenannte »Like-Kartelle« in die junge Geschichte der Facebook-Programme eingegangen sind. Zudem ist diesen Programmen die Festigung eines Aufmerksamkeitskapitalismus (der, der viel hat, dem wird noch mehr gegeben) implizit. Ihre Nutzung durch mittlerweile über drei Milliarden Anwender deutet auf eben jene in der breiten Gesellschaft vorherrschende bereitwillige Übernahme der dem Programm innewohnenden Gesetzmäßigkeiten an, die den Programmierer zu dem Status eines gottähnlichen Wesens im Sinne Weizenbaums verhelfen. Wenn die Äußerung Mark Zuckerbergs zur Obsoletheit der Privatsphäre nicht bereits darauf verweist, so doch zumindest auf den zugehörigen Größenwahn. »Facebook wird [...] von einer einzigen Person kontrolliert«. Jaron Lanier beschreibt die »extrem außergewöhnliche Konzentration von Macht«, die scheinbar bereitwillig von der »Anwendercommunity« nicht nur gebilligt, sondern goutiert wird. Dies sei schon bizarr genug, insbesondere dann, wenn es plötzlich »jung, hip und gar rebellisch« ist, »sein Leben von einer weit entfernten Firma im Silicon Valley steuern zu lassen. [...] Es ist eine sehr merkwürdige Situation, und es wird einstmals von Historikern beschrieben werden als ein besonders bizarrer Moment in der Menschheitsgeschichte«[61]. Und der Bizarrheit nicht genug: »Irgendwann wird der Gründer sterben. Und was dann kommt, wissen wir nicht, und wir können es auch nicht kontrollieren«[62].

Die unvergleichliche Machtkonzentration zusammen mit dem unkontrollierbaren Moment der Vergänglichkeit des Lebens birgt eine nicht zu vernachlässigende Gefahr zukünftigen Missbrauchs in sich. Wie die Erben der heute akkumulierten Machtfülle sich anstellen, was sie für Ziele haben werden – man kann nur hoffen, dass sie eine Affinität zu moralischen Prinzipien haben werden. Flusser beschrieb die Lage lange vor Facebook und Twitter treffend in dem Aufsatz zu seiner Zukunftsvision einer »Alphanumerischen Gesellschaft«: »Eine Elite, deren hermetische Tendenz sich laufend verstärkt, entwirft Erkenntnis, Erlebnis- und Verhaltensmodelle mit Hilfe sogenannter ›künstlicher Intelligenzen‹, welche von dieser Elite programmiert werden, und die Gesellschaft richtet sich nach diesen für sie unlesbaren, aber befolgbaren Modellen. Da die Modelle für die Gesellschaft undurchsichtig sind (›schwarze Kisten‹), ist sie sich nicht einmal völlig bewusst, derart manipuliert zu werden«[63]. Lange vor Laniers Bemerkung überträgt Flusser das zu seiner Zeit noch kontrovers diskutierte »Black-Box«-Modell des Behaviorismus auf die mediale Situation seiner Zukunftsvision. Dort ist es vom blinden Fleck einer psychologischen Theorie zu dem einer Medientheorie geworden. Die im dritten Kapitel beschriebene Einarbeitung der technischen Welt in das Unbewusste nimmt hier ganz konkrete Züge an. Die Programmierer leiten nicht zur bewussten und kritischen Handhabe an, vielmehr programmieren sie direkt das Unbewusste der Anwender. Und im Umkehrschluss entspricht das kollektive Unbewusste den unergründlichen Datenmengen des Internets. Die direkte Programmierung des Unbewussten der Masse verbaut strukturell den Weg zur freiheitlichen Lebensführung. Das ist keine Übertreibung, sondern eine realistische Einschätzung der sich zutragenden technoiden Massenkultur unserer Tage.

Auch Immanuel Kants Vorstellung von einer freiheitlichen Lebensart muss digital relativiert werden. Bei ihm kann niemand »mich zwingen auf seine Art (wie er sich das Wohlsein anderer Menschen denkt) glücklich zu sein, sondern ein jeder darf seine Glückseligkeit auf dem Wege suchen, welcher ihm selbst gut dünkt«[64]. Das Wohlsein, also die individuelle Art, glücklich zu sein, ist heute lediglich eine Spielform des Daseins in computerisierter Koexistenz. Ich kann mich zwar so frei wie noch nie zu allem Möglichen entscheiden, letztlich dominieren jedoch die Imperative der technischen Anwendungszusammenhänge jedes freiheitliche Moment. Die immensen kognitiven und emotionalen Wirkungen, die vom Konvergenzmedium Computer/Internet ausgehen, verlangen eine hoch festgelegte Lebensführung, die an der ans Absurde heranreichenden Angewiesenheit auf die Geräte deutlich werden. Digitale Freiheit ist die Freiheit innerhalb der Grenzen der vernetzten Konnektivität. Frei ist heute derjenige, der ausreichend Speicherplatz, eine gute Internetverbindung und eine Steckdose in Reichweite hat. Dennoch wird die »Freiheit« des Menschen von den Programmiereliten wie ein Mantra wiederholt: »Am Ende entscheidet immer der Mensch«[65], so Microsoft-Chef Satya Nadella Ende 2016. Allein das Hochhalten freiheitlicher Ideale reicht aber nicht aus, »um das Faktum des Konsumzwanges aus der Welt zu schaffen«[66]. Am Ende entscheidet zwar der Mensch, aber ihm ist (gesetzt den Fall, er kann sich die Geräte leisten) das Kontingent der Entscheidungsmöglichkeiten vorgegeben. Innerhalb dieser ökonomisch und technologisch eng gesteckten Grenzen wird »Freiheit« zum bloßen phantomartigen Abbild derselben. Die mediale Freiheit selbst – man denke an die Freiheit suggerierenden Algorithmen von Google und Facebook – ist zudem eine fein säuberlich zurechtgeschnittene, auf den User abgestimmte »Freiheit«. Die Welt wird dem heutigen User aufgefahren, ganz ähnlich wie dem Radio- oder Fernsehkonsumenten der Vergangenheit. Im Unterschied dazu findet das »Auffahren« zu jeder Tages- und Nachtzeit statt, und dem »Anwender« wird dabei ein viel höheres Maß an Wahlfreiheit suggeriert. Dort gilt ein neues ungeschriebenes Gesetz: »Lerne dasjenige zu bedürfen, was dir angeboten wird«[67].

Die Wendung erhält heute, im Kontext der intensiv gelebten App-Kultur, eine ganz konkrete Qualität. Denn die Bedürfnisse (»needs«) werden vom Apple-Konzern zunächst schlicht als gegeben suggeriert – »Categories on the App Store help users discover new apps to fit their needs«[68] –, um dann die angebotenen Apps mit der Lernwilligkeit des Käufers in Verbindung zu bringen: »Learn how to choose the most accurate and effective categories for your app«[69], heißt es auf apple.com. Dem User wird also beigebracht, genau die Spielereien, die er scheinbar braucht, seinen vermeintlich originären Bedürfnissen anzupassen, um sie dann adäquat – also im Sinne des Konzerns – zu nutzen. Ohne Weiteres lässt sich genau diese Formel der suggerierten Bedürfnisse, die durch scheinbar frei gewählte Technik zu befriedigen sei, in der Welt der medienpädagogischen Heilsversprechen auffinden. Hier sind es die Forderungen nach mehr Computern an Schulen und einem Beginn der medienpädagogischen Erziehung im Vorschulalter, die sich tautologisch selbst erklären. Man müsse die Chancen der Digitalisierung besser nutzen, heißt es allenthalben. Wie bereits erwähnt, bringt das Ansinnen, das Smartphone und den Laptop als »musts«, also Muss-Käufe, zu umgehen, also den angebotenen Geboten nicht nachzukommen, den Einzelnen heute zwangsläufig in eine Außenseiterrolle, die nicht ohne schwerwiegende Folgen auf persönlicher, sozialer sowie (vor-)schulischer und beruflicher Ebene bleiben können. Der Ausschluss kommt einer Ächtung gleich. Der Verweigerer ist der »Misfit«, mit ihm wird gerechnet, und sein schrulliges Benehmen wird von der Kulturindustrie aufgearbeitet und katalogisiert.[70] Eine unternehmensgeschichtliche Dimension der suggerierten Wahlfreiheit ist mit den Worten Adornos angerissen: »Der Schematismus des Verfahrens zeigt sich daran, dass schließlich die mechanisch differenzierten Erzeugnisse als allemal das Gleiche sich erweisen«. Es geht ihm zufolge bereits darum, »den Schein von Konkurrenz und Auswahlmöglichkeit zu verewigen«[71].

Ein Blick in die Geschichte der beiden Unternehmen Microsoft und Apple ist diesbezüglich sehr aufschlussreich. Die Tatsache, dass Bill Gates Steve Jobs das Startkapital zum Neustart von Apple zur Verfügung stellte, lässt zumindest eine gewollte und geplante Konkurrenzsituation vermuten.[72] »Kultur heute schlägt alles mit Ähnlichkeit«[73], und alles wird »technologisch erklärt. Die Teilnahme der Millionen erzwinge Reproduktionsverfahren, die es wiederum unabwendbar machten, dass an zahllosen Stellen gleiche Bedürfnisse mit Standardgütern beliefert werden«[74]. Die Standardgüter und gleichen Bedürfnisse der Rezipienten (heute: User) werden heute ab dem Vorschulalter staatlich verordnet und sind so wahr wie noch nie.

Formbestimmtheiten

Bildschirme, Touchscreens, Akkumulatoren, Ladekabel, Router, Benutzeroberflächen, Icons, Apps, Downloads, Updates, Ordner und Unterordner, persönliche Hotspots, Playlists, Emoticons, Chatverläufe, Chroniken, Profilbilder, Sprachnachrichten, Statusmeldungen, Systemeinstellungen. Die Liste ließe sich noch lange fortsetzen. Jeder ist den identischen technischen Umgebungen ausgesetzt und macht, mit leichten situationsbedingten Abweichungen, dasselbe. Dem steht der existenzielle Lebensentwurf des Individuums nach Sartre gegenüber. Für ihn ist das Neinsagen-Können von zentraler Bedeutung – genauer: die Fähigkeit zum Verneinen bestimmter allgemein gültiger Vorgaben seiner Gegenwart. Das von Heidegger übernommene »Nichtende«, das Sartre mit »Néant« übersetzt, bezeichnet eben dieses Verneinen-Können, das den Menschen erst zum freien Wesen macht. Der einengenden Tatsache, sich in einer Welt vorzufinden (dem »An-sich«), die nicht vom Einzelnen gewählt, nicht Ergebnis einer freien Entscheidung ist, steht die Bestimmung des Individuums zur Freiheit gegenüber. Es kann – mit Mut und Anstrengung – zum Vorfindlichen, in das es hineingeboren wurde, »nein« sagen und sich selbst zum »Für-sich« machen. Heute wird jeder Mensch in seine Digitalität hineingeboren. Sie ist das Vorfindliche, das sich jedoch nicht verneinen lässt.

Auch die dem Anwender zukommende emotionale Situation lässt sich nicht negieren. Der »Ekel« vor der mit Emoticons durchsetzten Sprache via Echtzeitmessenger und Social Web muss als konstitutives Element der Entwicklung angesehen werden. Er kommt gegenwärtig einem jeden zu. Nicht nur der Ekel vor dem Inhalt, also dem Sprachregress, ist hier zu nennen. Vielmehr ist für viele die primäre mediale Emotion das pure Angewidertsein von der beständigen feingepixelten Verdinglichung des Selbst und des Anderen. Für Sartre ist die objektivierende Wirkung der fremden Blicke bereits ohne Smartphone im »Always-on«-Modus ein Problem. Bei ihm sind bereits eine Menge Leute auf der Welt in der Hölle, »weil sie zu sehr vom Urteil anderer abhängen«[75]. Die der Digitalisierung inhärenten Ideologien der Transparenz und Beobachtung zwingen jeden Anwender in die Rolle des permanent Beobachteten und Beurteilten. Sie zu verneinen, kommt gegenwärtig einem Wagnis gleich, das zu Isolation und Erfolglosigkeit führt. Sartres Freiheitsbegriff geht zu einem nicht unbeträchtlichen Teil auf Günther Anders' Konzeption der Unfestgelegtheit des Menschen zurück.[76] Mit ihr ist »konstitutiv für Menschsein [...] eine ›ontologische Differenz‹ zwischen Mensch und Welt, eine prinzipielle Form der Unzugehörigkeit, der Fremdheit«[77]. Die prinzipielle Unfestgelegtheit der Existenz des Einzelnen markiert zum einen den angsteinflößenden Umstand der grundlegenden Verlorenheit in der Welt. Gleichzeitig verweist sie auf dessen freiheitlichsten Moment. Der Mensch ist nicht in einer Natur heimisch wie das Tier, das der seinen nicht entkommen kann. Er ist der Natur entkommen und hat sich eine künstliche Welt erschaffen. Aber auch in dieser ist er nicht wirklich heimisch. Er ist vielmehr verloren irgendwo zwischen der Natur und der Künstlichkeit der von ihm geschaffenen (technischen) Welt. Diese Verlorenheit ist die menschliche Grundkonstitution schlechthin, die nach zwei Seiten ausstrahlt: in Richtung Einsamkeit und Freiheit. Anders geht so weit, diese widersprüchliche Kondition des Menschen in einer eigenwilligen Interpretation Kants als »das Apriori der ihm wesensmäßig zukommenden Aposteriorität«[78] zu beschreiben. Der Mensch ist aber nicht nur in der Welt verloren, sondern auch im Verhältnis zu sich selbst. Das Individuum ist von sich abgeschnitten und muss nicht nur mit dem Umstand, einem Ursprung zu entstammen, »den er nicht verantwortet und mit dem er sich dennoch zu identifizieren hat«, sondern auch mit »dem ihm Vorgegebenen, vor allem seinem Dasein und seinem Sosein, seiner Leiblichkeit und Befindlichkeit, fertig werden«[79]. Mit dem »Schock der Kontingenz« beschreibt Anders die emotionale Starre vor der Tatsache der eigenen Zufälligkeit. Der Mensch kann nichts dafür, dass er da ist, er kann nichts dafür, dass er so ist, wie er ist, und dort ist, wo er ist. Hinzu kommt der »Schock der sozialen Geburt«. Wie bei Sartre sind es die Anderen, die den Einzelnen in die objektivierte Unterlegenheit zwingen.

Beide apriorisch dem Menschen zukommenden Schockmomente werden heute erweitert um den »Schock der Digitalität«, oder besser: den »Schock des digitalen Profils«. Der digitale Schock verurteilt nicht nur zur Unfreiheit, sondern zur Fremdbestimmtheit und Überwachung. Denn die Koordinaten des »Onlife« sind von Programmierern vorgegeben und können beliebig variiert werden. Da auf informationeller Ebene alle gleichermaßen digitalisiert werden und alle das Gleiche verwenden, sind auch alle irgendwie gleich. Der Mensch mit Smartphone und Social Media wirkt so in seiner »Künstlichkeit« und »Unbeständigkeit«[80] beschnitten. Nicht er erzeugt genuin kreativen Inhalt, sondern er folgt den technischen und medialen Formbestimmtheiten, die ihn hochgradig prägen.

Mit der Rückprägung der Dinge benennt Günther Anders die zentrale Denkfigur seiner Technikphilosophie. Lange vor den transhumanistischen Verheißungen unserer Zeit spricht er von der Entthronung des Menschen und erkennt in der Technik das neue »Subjekt der Geschichte«. Nicht mehr der Mensch herrscht über die ihn umgebenden Maschinen, sondern die Technik macht ihn zum nebensächlichen Objekt. Nicht so sehr in der intendierten technischen Handlung selbst, sondern in der unbewussten Rückprägung entwickelt die Gerätewelt ihre eigentliche Gewalt, ihre eigentliche Tücke. Anders war sich bereits in den Nachkriegsjahren sicher: Die Apparate wirken auf uns in ungeahnten Ausmaßen zurück. Diese Wirkung bleibt aber gewöhnlich unsichtbar und macht uns zu Wesen, die »blindlings an den Geräten vorbeileben«[81]. Wir werden sozusagen hinterrücks von den Geräten geprägt und merken es nicht. In diesem Zusammenhang verweist er auf eine Art kopernikanische Wende des Mensch-Maschine-Verhältnisses und verdeutlicht seine These am Beispiel der Maschinenarbeit:[82] »Jeder, der einmal an einer Maschine gearbeitet hat, wird die Beobachtung gemacht haben, dass er diese erst dann als ›seine‹ betrachtet hat, wenn seine von ihrem Gange erforderten Handgriffe eingegleist waren und automatisch vor sich gingen – wenn er also ihrer war«. Anschaulich beschreibt Anders hier eine bemerkenswerte Transformation des Menschen bei der Maschinenarbeit: Die unmerklich stattfindende »Eingleisung« der menschlichen Handgriffe und die gleichzeitige Illusion der menschlichen Vereinnahmung der Maschine. Mit dieser »Eingleisung« vollzieht sich auch ein Perspektivwechsel. Denn nicht der Mensch macht sich die Maschine zu eigen, sondern das Gegenteil ist der Fall: Die Maschine eignet sich den Menschen an.

Diese »Drehung« der Perspektive ist der archimedische Punkt, von dem aus Anders seine Technikkritik denkt. Sie wird erst mit der hier veranschaulichten Objektivierung des Menschen, der der Technik minderwertig beiwohnt, plausibel. »Erst dadurch, dass wir uns an die Geräte adaptieren (nein, selbst diese Formulierung unterstellt noch zuviel Spontaneität), erst dadurch, dass die Geräte uns an sich adaptieren, kommt diejenige ›adaequatio‹, nämlich ›producti et hominis‹, zustande, die es uns dann nachträglich erlaubt zu glauben, dass unsere Welt ›unsere‹, dass sie Ausdruck von uns heutigen Menschen sei«[83]. Das vermeintlich aktive sich Aneignen der Maschine durch den Menschen kippt über eine – in Anders Worten – invertierte Adaption in einen Zustand der Ohnmacht, die wir aber nicht einmal wahrnehmen und folglich auch nicht deuten wollen. »Was uns prägt und entprägt, was uns formt und entformt, sind eben nicht nur die durch die ›Mittel‹ vermittelten Gegenstände, sondern die Mittel selbst, die Geräte selbst: die nicht nur Objekte möglicher Verwendung sind, sondern durch ihre festliegende Struktur und Funktion ihre Verwendung bereits festlegen und damit auch den Stil unserer Beschäftigung und unseres Lebens, kurz: uns.«[84].

Kapitel 5

Wissen

Digitales Wissen

Ich bin wie der falsche Demetrius«[85], denkt sich der Protagonist der Arztgeschichten von Bulgakow. Er, der junge Arzt, der mit Bravour sein Examen an der Moskauer Universität bestanden hatte, findet sich in der ländlichen Einöde wieder, um als einziger Arzt im Kreis ein Krankenhaus zu leiten. Wir befinden uns im Jahr 1927 und erleben, wie sich ein mutiger, aber von Selbstzweifeln gequälter Äskulap mit dem nutzlosen Bücherwissen herumschlagen muss, das er in der Hochschule auswendig lernen musste. Als eine komplizierte Entbindung ansteht, muss er sich eingestehen, dass er nicht weiß, wie er vorgehen soll, obwohl er sich im letzten Semester ausführlich mit dem Thema Geburtshilfe befasst hat. »Ich hatte doch erst kürzlich im Döderlein gelesen. Hatte noch einzelne Stellen unterstrichen, mich aufmerksam in jedes Wort hineingedacht, mir das Zusammenwirken der Teile und verschiedene Methoden vorgestellt. Und ich hatte mir beim Lesen eingebildet, der ganze Text wäre für alle Zeiten in mein Gehirn geprägt«[86]. Doch als er am Operationstisch steht, weiß er nichts mehr von alledem. Zu seinem Glück erklärt ihm die Arzthelferin, wie sein Vorgänger bei einer komplizierten Entbindung vorgegangen ist. »Ich hörte ihr begierig zu, bemüht, mir kein Wort entgehen zu lassen. Diese zehn Minuten gaben mir mehr als alles, was ich zum Staatsexamen, das ich ausgerechnet in Geburtshilfe mit ›sehr gut‹ abschloss, darüber gelesen hatte. Aus ihren abgerissenen Worten, unvollendeten Sätzen und flüchtig hingeworfenen Anspielungen erfuhr ich das Notwendige, was in keinem Buch steht«[87]. Die Operation verläuft gut. Er wendet das Wissen an, das ihm die Krankenschwester gegeben hat, und schafft es, Leben zu retten. Als der junge Arzt nach vollendeter Arbeit in seine Wohnung zurückkehrt, ist er aufgewühlt und kann nicht schlafen. So setzt er sich mit dem Döderlein an seinen Schreibtisch und blättert darin. »Und nun geschah etwas Interessantes: Die früher unklaren Stellen wurden ganz begreiflich, füllten sich gleichsam mit Licht, und hier in der Einöde, im nächtlichen Lampenschein, begriff ich, was es bedeutet – wirkliches Wissen«[88].

Dreierlei soll die gewählte Episode aus Bulgakows Buch verdeutlichen. Zum einen entsteht Wissen als inneres, subjektives Ereignis. Ganz einfach formuliert: Bücher – wie hier der Döderlein – im Schrank des Arztes machen den Arzt nicht zum Wissenden. Zweitens stellt sich das hier beschriebene »wirkliche Wissen« erst in der Verschränkung von Theorie und Praxis ein. Als der Arzt nach der Operation in seiner Kammer sitzt, bemerkt er, wie er erst mit seiner praktischen Erfahrung die vorher unklaren Stellen im Döderlein begreifen kann. Und als Drittes verdeutlicht die Episode eine Art von Abhängigkeit, ein Angewiesensein auf andere. Der junge Arzt merkt, dass die Krankenschwester ihm mit ihrem Wissen helfen kann und so zum Erfolg der Operation und zum Überleben des Patienten verhilft. Wissen entsteht also in der Relativierung der eigenen Ansicht, im Erkennen des Nicht-Wissens, in Kommunikation und richtiger Anwendung. Dem steht ein mechanischer Wissensbegriff gegenüber, der seinen Ursprung nicht in der Antike, sondern in den Anfängen der Industrialisierung und der Aufklärungszeit hat und gegen den Kant anschrieb. Die offiziell von Descartes und Leibniz getragene Mechanisierung des Geistes weckten ihn bekanntlich aus seinem »dogmatischen Schlummer«. Die »Pascaline« des französischen Mathematikers, Erfinders und Philosophen Blaise Pascal war der Holzcomputer, der als mechanischer Vorläufer der digitalen Maschine angesehen werden kann. Sie war die erste künstliche Intelligenz, die es erlaubte, dem menschlichen Geist mechanische Gesetzmäßigkeiten zu unterstellen. Der allgemein anerkannte Wissensbegriff, gemäß welchem Wissen als »Gesamtheit der Kenntnisse, die jemand auf einem bestimmten Gebiet hat«[89], definiert wird, hat also seinen Ursprung bei den Rationalisten der Aufklärungszeit. Und dieser hallt heute noch in der allgemeinen Auffassung von Wissen nach. Denn der Ausdruck wird synonymisch verwendet zu Begriffen wie »Kenntnis« oder »Bewusstsein (von etwas)«[90]. Wissen ist also nicht – wie bei Bulgakow oder Kant – subjektiv und nicht mit einem tieferen Sinn besetzt, sondern Summe von fraktaler Sachkenntnis, die bilanziert und digitalisiert werden kann.

Die Frage, ob eine eindeutige Definition vom Wissen einer Wahrheit überhaupt möglich ist, beschäftigt Philosophen nicht erst seit dem letzten Jahrhundert. Platon warnte in seinem »Theaitetos« vor dem Versuch, Wissen definieren zu wollen, mit folgenden Worten: »Mein größtes Bedenken ist, dass die Frage, die zu unserer Unterredung den Anstoß gegeben hat, nämlich was eigentlich das Wissen sei, ungelöst bleibt, weil so viele Argumente auf den einstürmen, der auf sie eingeht. Und übrigens ist das Problem, das wir nun aufrühren, in seiner Fülle kaum zu behandeln; will es jemand nur nebenbei untersuchen, so tut er ihm damit unrecht; macht er es aber gründlich, so zieht sich die Untersuchung dermaßen in die Länge, dass sie die Frage nach dem Wissen völlig in den Schatten stellt«.[91] Platons Protagoras hielt die Sache für weit weniger komplex und war davon überzeugt, dass Wissen und Wahrnehmung schlicht dasselbe seien.[92] Sein Homo-Mensura-Satz »bildet die Formel für die anthropologische Relativität alles Wissens«[93]. »Unwissend« gibt es nach Protagoras nicht, denn da jeder wahrnimmt, ist auch jeder wissend. Es sei nicht möglich, festzustellen, inwiefern die Wahrnehmung und somit das Wissen des einen dem des anderen gleiche, sich von ihm unterscheide oder ob es gar als höher- oder minderwertig einzustufen sei, da jeder sich lediglich auf die eigene Wahrnehmung beziehen bzw. sein eigenes Kriterium/Maß (métron) an das Wahrgenommene anlegen könne. Nach den Ausführungen des Sextus Empiricus untermauert Protagoras seine These einer Wahrnehmungs- und Wissensrelativität durch die Annahme, »die Gründe aller Erscheinungen lägen in der Materie vor, so dass die Materie an sich selbst allen das sein könne, was allen erscheine«[94]. Protagoras geht noch einen Schritt weiter und ergänzt die intersubjektive Relativität des Wissens mit einer innerweltlichen, intrasubjektiven. »Die Menschen nähmen entsprechend ihren verschiedenen Zuständen zu anderen Zeiten andere Dinge wahr«[95]. Somit ist Wissen nicht nur zwischen den Menschen nicht eindeutig bestimmbar, sondern auch innerhalb des Erkenntnisvermögens eines Individuums.

Dieser radikale erkenntnistheoretische Subjektivismus, der keine objektiven Wahrheiten zulässt, ruft Platon auf den Plan. Platon diskutiert den »vulgären« Wissensbegriff des Protagoras im Theaitetos und kommt zunächst zu dem Schluss, dass die These des Protagoras falsch ist. »Wir geben ihm auf keinen Fall zu, dass jeder Mensch aller Dinge Maß ist, sofern einer nicht verständig ist. Und auch dass Wissen Wahrnehmung ist, werden wir nicht zugestehen«[96], denn »nicht in den Eindrücken ist also Wissen enthalten, wohl aber in den verstandesmäßigen Schlüssen über sie. Denn hier ist es offenbar möglich, Sein und Wahrheit zu erfassen, dort aber ist es unmöglich«[97]. Platon setzt der anscheinend simplen Argumentation des Protagoras eine auf den ersten Blick schwerer zu fassende entgegen, in der das Wissen »ganz und gar nicht mehr in der Wahrnehmung zu suchen ist, sondern in jenem Verhalten der Seele, wie es auch heißen mag, wenn sie sich durch sich selbst mit den Dingen beschäftigt«[98]. Er bringt die Begriffe »Wahrheit« und »Seele« ins Spiel und versucht mit diesen den Protagoräischen Positivismus auszuhebeln. Denn »Wahrheit« und »Seele« sind im Platonischen Verständnis eng mit dem Wissensbegriff verwoben. Sie indizieren sozusagen Wissen. Der objektive Idealismus, für den Platon bis heute berühmt ist, klingt hier ganz deutlich an.[99] Bemerkenswert ist in diesem Zusammenhang auch Platons Definition der Seele, die sich durch sich selbst mit den Dingen beschäftigt. Hier klingt eine gewisse Eigendynamik an, auf die später noch eingegangen wird. Die Protagoräische Wahrnehmung wird im weiteren Verlauf des Dialogs von Theaitetos durch die »richtige Meinung« ersetzt. Doch Sokrates gibt zu bedenken, dass die richtige und die falsche Meinung im

Zweifelsfall nicht objektiv bestimmbar seien. Insoweit scheint Platon vom subjektiven Moment des Meinens überzeugt. Doch er bleibt mit seiner Forderung nach objektiver Erkenntnis stur. Die subjektive, für den Einzelnen »wahre« Meinung sollte verbunden werden mit einer objektiv nachvollziehbaren Erklärung. Denn »wenn sich nun also jemand ohne Erklärung die wahre Meinung von etwas bilde, so besitze seine Seele davon zwar die Wahrheit, aber nicht die Erkenntnis; denn wer nicht imstande sei, eine Erklärung abzugeben und entgegenzunehmen, der sei über diese Sache unwissend. Wer aber auch die Erklärung dafür finde, der bekomme die Macht darüber und besitze alles, was es zum Wissen braucht«[100]. Das Konzept von der Meinung mit einer Erklärung bleibt für Sokrates im weiteren Verlauf des Dialoges nicht ausreichend. Die Erklärung muss zwingend auf logischen Denkakten aufgebaut sein, d. h. der objektiv erkennenden Vernunft (»Logos«) entsprechen. Die logische Erklärung an sich besteht in der Auslegung von Verschiedenheit. So kommt Platon zu folgendem Ergebnis: »Sokrates: ›Wer also gefragt wird, was ›Wissen‹ sei, der wird, scheint mir, folgende Antwort geben: ›richtige Meinung, verbunden mit Wissen von der Verschiedenheit‹. Denn das wäre wohl nach jener Ansicht die Hinzunahme einer logischen Erklärung.‹ Theitetos: ›Offenbar‹«[101]. Im unmittelbaren Anschluss an das Ergebnis des erkenntnistheoretischen Diskurses schließt Sokrates überraschend mit den Worten: »›Und es ist doch reine Torheit, wenn wir nach dem Wissen suchen, zu sagen, es sei eine richtige Meinung, verbunden mit Wissen, gleichviel, ob von der Verschiedenheit oder von sonst etwas. Somit, Theaitetos, wäre also das Wissen weder Wahrnehmung noch richtige Meinung noch eine logische Erklärung, die zu der richtigen Meinung hinzukommt.‹ Theaitetos: ›Offenbar nicht‹«[102].

Warum Platon seinen Theaitetos mit der Verneinung der letztendlich plausibel erscheinenden Erklärung von Wissen schließt, darüber scheiden sich die Geister bis heute. Das offene Ende lässt aber annehmen, dass in seinem Sinne die Diskussion um den Wissensbegriff nie zu Ende sein sollte, da dieser vielleicht grundlegender als alle anderen auf den Begriff der

Wahrheit rekurriert. Mit anderen Worten: Mit der Frage nach Wissen ist immer auch die Frage nach Wahrheit gestellt. Und mit der Frage nach Wahrheit ist das Nervensystem der Philosophie freigelegt. Wahrheit ist die große unbestimmbare Variable des Menschen und seines Erkenntnisvermögens. Auch Adorno spricht vom »Kriterium des Wahren«, das letztlich unbestimmbar ist und sich eben nicht durch »seine unmittelbare Kommunizierbarkeit an jedermann«[103] auszeichnet. »Zu widerstehen ist der fast universalen Nötigung, die Kommunikation des Erkannten mit diesem zu verwechseln und womöglich höher zu stellen, während gleichzeitig jeder Schritt zur Kommunikation hin die Wahrheit ausverkauft und verfälscht [...]. Wahrheit ist objektiv und nicht plausibel«[104]. Platons offenes Ende lässt ein ähnliches Verständnis für den Wissensbegriff vermuten. Die Überführung von Wissen in eine Einsicht, in wahres Verständnis, läuft hinter den wahrnehmbaren Grenzen der subjektiven Gedankenwelt ab. Es ist, der archaischen Metaphorik folgend, ein Ideal, und das gemeinhin als »lebensweltlich« bezeichnete Wissen kann der perfekten Idee davon nicht vollkommen entsprechen. Diese kann nur wiedererinnert werden (anamnesis), an ihr kann nur teilgehabt werden (methexis). Somit bleibt Wissen am Ende undefinierbar, solange der Anspruch auf »wahres Wissen« besteht. Die fehlende metaphysische Einfärbung der Wissensfrage macht das gemeinhin »Wissbare« jedoch nicht erst seit Adornos Kritik am erkenntnistheoretischen Positivismus zur zählbaren Größe. Wissen wird im Moment der bloßen Kenntnis (von etwas) zum Halbwissen, das – ohne tieferen Sinn besetzt – bilanziert und gemanagt werden kann.

Das Wissen, das man bilanzieren kann, das man in Geräte auslagern kann, geht zurück auf die Entstehung der kontextlosen Information. Letztere ist ein Produkt der Medienneuerungen der letzten beiden Jahrhunderte. Die Transformation der Bedeutung von Information nahm mit der Erfindung des Telegrafen und der Fotografie ihren Lauf. Beide Techniken veränderten die grundlegende Beziehung der Menschen zu Neuigkeiten. Unabhängig von den jeweiligen Kontexten wurden Neuigkeiten zu dem, was sie heute auch immer noch sind: eine konsumierbare Ware. Zwei zeitliche Aspekte wurden mit dem Fortschreiten der Medialisierung immer relevanter: die schnelle Übermittlung der Information per Telegrafie und die Konservierung von Informationen per Fotografie. Mit den beiden Erfindungen wurde also die schnell übertragbare und speicherbare Information geschaffen, wie wir sie heute kennen. Gerade die zerstückelte Form der Weitergabe von Realitätsausschnitten, das Herausreißen beliebiger Momente aus den jeweiligen Zusammenhängen und die parallel hierzu entstehende Möglichkeit, diese herausgerissenen Momente in neue Zusammenhänge zu bringen, sprich: »das Nebeneinanderstellen von Ereignissen und Dingen, zwischen denen es keinen logischen oder historischen Zusammenhang gibt«[105], erzeugte eine neue Form der Realitätswahrnehmung. Die Welt zerfiel zum ersten Mal in viele kleine Informationseinheiten, die nicht mehr Teil einer konsistenten Erzählung waren. Lewis Mumford sprach in diesem Zusammenhang von der zerbrochenen Zeit und Aufmerksamkeit (»broken time and attention«)[106]. Die Rahmung und Positionierung von Informationen, die heute viele Bereiche der Informationsweitergabe bestimmt, wurde zur entscheidenden Qualität. Die informationsbezogene Besonderheit der Fotografie wie auch der Telegrafie bestand also in der Möglichkeit zur beliebigen thematischen Verortung. Dabei »erscheinen alle Grenzen als etwas Willkürliches«, so beschrieb es Susan Sontag. »Alles kann isoliert und ohne Zusammenhang mit etwas anderem dargestellt werden: Nötig ist nur, dass der Bildgegenstand anders gerahmt wird«[107].

Zur Kontextlosigkeit der Informationen mit dem Aufkommen der oben beschriebenen »schnellen Medien« kommt heute ihre digitalisierte Herkunftslosigkeit. Wer was einmal online gestellt hat, ist in der Tat – selbst für Experten – oft nur schwer zu erkennen. Ein der Sache implizites Verschwinden der Herkunft und des Gewordenseins kann hier als konstitutiver Charakter der Digitalisierung festgehalten werden. Hinzu kommt die schiere Menge an Informationen. Ähnlicher Ruhm wie den französischen Enzyklopädisten des 18. Jahrhunderts wird heute der Online-Enzyklopädie Wikipedia zuteil. Dem

Zusammentragen von Informationen im Buchmedium der wenigen privilegierten Intellektuellen steht heute eine weltweit agierende Armee von Informationsarbeitern gegenüber. Die Ergebnisse stehen jedem zur Verfügung, der einen Internetanschluss hat. Heute – so scheint es – befällt viele bezüglich der Informationsberge, denen sie im Internet gegenüberstehen, ein diffuses Gefühl der Überforderung. Das unüberschaubare »Datendurcheinander« geht mit zunehmenden Aufmerksamkeitsdefiziten einher, auch wenn ordnende Kräfte – wie der Google-Algorithmus – am Werke sind. Das Internet verunsichert bezüglich der Organisierbarkeit und Orientierung, die dem Einzelnen in einem überschaubaren Setting aus Printmedien sicherlich noch leichter fallen konnte. Aufgrund der mehrdimensionalen Kontextlosigkeit heutiger Information samt der quantitativen Flutung tritt darüber hinaus das Problem der Indikation eines Faktums in den Vordergrund. Was heute wirklich oder fiktional ist, kann man selbst mit sogenannten Bildbeweisen oder gefilmten Sequenzen nicht belegen. Die Digitalisierung verändert also nicht nur die tsunamiartige Verfügbarkeit von sogenannten »Mytheninformationen«, sondern auch die Struktur der Fakten selbst. Das von Baudrillard verkündete Ende der »Ordnung des Realen«[108] scheint tatsächlich gekommen. Mit diesem Ende nimmt »der digitale Fakt« eine seltsame Rolle ein. Er funktioniert scheinbar nach neuen und anderen Regeln, denn ihm ist eine Unbeständigkeit und Volatilität eigen, die früher eher ein Kennzeichen des Gerüchtes, des Nicht-Faktes gewesen ist. Mercedes Bunz beschreibt die Lage folgendermaßen: »Damit unsere Kenntnis der Fakten akkurat bleibt, muss sie laufend aktualisiert werden – und es ist genau diese Veränderbarkeit, die uns mit einem Gefühl der Konfusion und Beunruhigung zurücklässt. Die sich permanent ändernden Fakten müssen falsch sein, schließlich verändert sich die Wahrheit nicht, sie ist zeitlos. Es scheint, dass wir hier immer noch nach Regeln eines älteren Diskurses denken und uns an eine Logik halten, die uns zwar gute Dienste geleistet hat, die aber im Grunde im Zeitalter der Druckerpresse verhaftet geblieben ist«[109]. Die Situation ist verworren: Viele Fakten werden durch ihre beständige Aktualisierung zwar immer exakter, sie verlieren aber gleichzeitig ihre Beständigkeit, die einst ein Kennzeichen des Wahren, zumindest des Wahrhaftigen gewesen ist.[110] »Anstatt Informationen wie in einem Lexikon als gegebene Fakten zu präsentieren, bieten uns Suchmaschinen wie Google eine Pluralität an Stimmen.«[111] Bunz sieht in dieser Pluralität eine Veränderung des Verständnisses von »Erkenntnis« an sich. Es sei nicht eine autoritäre Stimme mehr, die über »Wahrheitsansprüche« befinde, sondern »im Peer-Review-Verfahren bestimmt ein Chor aus Experten, welche Stimme derzeit am ›tatsächlichsten‹ singt«[112]. Wissen demokratisiere sich auf diese Weise und mehr noch: es sei beständig dabei, sich zu relativieren, erweitern, begrenzen, etc. Bunz betont zudem den netzartigen Charakter des digital ausgelagerten Wissens. Gerade die Vorstellung eines quantifizierbaren Wissensbegriffs, der nicht mehr Teil einer kohärenten Erzählung ist, legt die Auslagerbarkeit von Wissen nahe. Es bestehe – so Bunz – schlicht aus »prozessierten Informationen«.

Zentral bei ihrem Konzept von Wissen im Digitalisierungszeitalter ist der Vorgang der Algorithmisierung. Allen voran ist hier natürlich der Google-Algorithmus zu nennen. Dessen Erfolg beruht auf der Zusammennahme von dreierlei Variablen: Inhalt, Häufigkeit der Aufrufe einer bestimmten Seite und – das setzt den Suchalgorithmus von anderen ab – das Programm zählt die Anzahl der Links, die auf eine bestimmte Seite führen. Außerdem wiegen Links von Nachrichtenhäusern wie dem *Guardian* oder der *New York Times* schwerer als die von unbekannteren Seiten. Bunz ist der Meinung, dass Algorithmen nicht nur menschliche Orientierung simulieren, sondern das Wissen selbst auf komplexe Weise reproduzieren würden. Das heißt, sie würden Informationen zunächst klassifizieren, neu zusammenstellen und zu dem verarbeiten, »was wir gewöhnlich als ›Wissen‹ bezeichnen«[113]. Entscheidend im Kontext der hier angestellten Betrachtungen ist folgende Überlegung: Wer oder was prozessiert – also Informationen in Wissen transferiert – sei im Grunde egal, denn Programme wie WolframAlpha[114] beispielsweise haben mittlerweile gelernt, nicht nur Fakten zu liefern, sondern diese auch weiter zu prozessieren. Das, was der Protagonist in Bulgakows Arztgeschichten in Theorie und Praxis vereint, mit der erfahrenen Krankenschwester abgleicht und schließlich am Abend im Kämmerchen reflektiert, soll heute auch für Programme möglich sein? Für Bunz und viele andere Internettheoretiker lautet die Antwort: Ja.

Extended minds/augmented humans

Man stelle sich vor, ein hochgebildeter Zeitreisender aus dem Jahr 1913 taucht in einer Rateshow im heutigen Fernsehen auf. Er weiß nicht, dass seine Spielpartnerin mit einem Smartphone ausgerüstet ist, geschweige denn, was ein Smartphone oder Computer samt Netzanschluss bedeutet. Ihm wird die Gelegenheit gegeben, seinem Gegenüber etliche Wissensfragen zu beliebigen Themen zu stellen. Schnell kommt er zu dem Schluss, dass er mit reinen Informationsfragen zu historischen Daten keine Unsicherheit erzeugt. Zudem bemerkt er, dass seine Konkurrentin lange Passagen aus der Bibel oder Goethes Werken zitieren kann. Die Relativitätstheorie erklärt sie in Rekordzeit. »Ihre mathematischen Fähigkeiten sind verblüffend, auch komplexe Rechnungen löst sie in Sekunden. Sie kennt nicht nur Worte in allen gebräuchlichen Sprachen, sondern übersetzt zwischen entlegenen Sprachen, etwa aus dem Isländischen ins Lateinische (das der Mann versteht). Besonders beeindruckt den Zeitreisenden, dass die junge Frau nahezu jeden Ort der Welt in erstaunlicher Detailliertheit beschreiben kann, als wäre sie gerade vor Ort. Sie kann auch von nahezu jedem ihrer Freunde (und sie hat Hunderte, wie sie sagt) ziemlich genau angeben, wo sie in diesem Moment sind und was sie tun«[115]. Nach einem schier endlosen, ermüdenden Gespräch kommt der Zeitreisende zu folgendem Schluss: »Er hat es mit einer menschlich klingenden Superintelligenz zu tun. Entweder, so schlussfolgert er, hat die Menschheit innerhalb von hundert Jahren einen gewaltigen Evolutionssprung vollzogen. Oder eine völlig unvorstellbare außerirdische Macht hat von den Menschen Besitz ergriffen«[116] Wir wissen: Beides ist nicht der Fall. Die Verbindung des Menschen mit seinem tragbaren digitalen »Konvergenzmedium« macht ihn zu einem Wesen, das immer Zugriff auf enorme Mengen an Daten hat. »In Verbindung mit den Maschinen erscheinen wir heutigen Menschen wie von einem anderen Stern, als augmented humans: verbesserte, erhöhte Menschen«[117], schreibt Christoph Kucklick als Schlussfolgerung aus seinem Gedankenexperiment. Er folgt mit seinem Fazit dem Vater der Medientheorie, Marshall McLuhan, indem er den Medien ihre Erweiterungsfunktion für den menschlichen Körper, ihre Prothesenartigkeit zugesteht. Die Symbiose des Menschen mit seiner Prothese stand bei McLuhan im Zentrum seiner Medientheorie: das Rad als eine Erweiterung des Fußes oder wie hier: der Computer als eine Veräußerung des menschlichen Gehirns, im Sinne der Funktionalität, die das Gehirn innehat. Erscheint die Frau, die eine Maschine in der Hand hält, mit der sie befähigt ist, außerordentliche Wissensmengen abzurufen, nicht aber doch als ein wenig entsubjektiviert? Ist sie mit dem Gerät, das ihr alle Informationen zur Verfügung stellt, nicht ein bisschen weniger sie selbst? Die Frau wäre ohne die prothesenartige Maschine in ihrer Hand dem Zeitreisenden intellektuell vielleicht weit unterlegen.

Diese Fragen können hier nicht endgültig beantwortet werden. Es wird jedoch das Auseinanderfallen zweier Perspektiven erkennbar: Ob 1. Maschinen immer mehr wissen und der Mensch dabei immer dümmer wird, weil er Wissen »auslagert«, oder ob 2. der Mensch ihm innewohnende kognitive Gesetzmäßigkeiten in die Apparate verlegt, sie dabei aber in seinem Sinne nutzt, ist ein wichtiger Unterschied. Im ersten Fall erscheint der Mensch als entsubjektiviert, von einer wichtigen Eigenschaft seiner selbst abgeschnitten, und im zweiten Fall erscheint er, obwohl er Schemata des Wissens auslagert, als souverän. Erst mit dieser zweiten Sicht auf die durchaus nicht immer klar zu unterscheidende Lage kann der Mensch als ein Wesen wahrgenommen werden, das sich die Apparate als Werkzeuge zur Erweiterung seiner Selbst zunutze macht. Etwa in der nicht abstreitbaren Tatsache der Vereinfachung und Entlastung bei Sucharbeiten jeglicher Art. Nicht mehr einer Bibliothek steht er gegenüber, einem Kartenraum, einer Enzyklopädie. Er hat alles in einem tragbaren Medium vereint und ist mit Hilfe von diversen Algorithmen in der Lage, schnell aktuelle Informationen abzurufen. Wie lässt sich nun das folgende Zitat bewerten? »Das Wissen lebt jetzt nicht nur in Bibliotheken und Museen und wissenschaftlichen Zeitschriften. Es lebt nicht nur in den Köpfen einzelner Menschen. Unsere Köpfe und unsere Institutionen sind einfach nicht groß genug, um das Wissen aufzunehmen. Das Wissen ist jetzt Eigentum des Netzes, und das Netz umfasst Unternehmen, Regierungen, Medien, Museen, kuratierte Sammlungen und miteinander kommunizierende Gehirne«[118]. David Weinberger spricht nicht vom konvergenten Medium, sondern vom Netz. Bei ihm ist das Netz so etwas wie eine abstrakte Größe und dem Menschen in unvergleichlicher Weise überlegen. Gemäß seiner digitalen Erkenntnistheorie ist es nicht mehr der Mensch, der weiß, nicht seine Institutionen verkörpern Wissenschaft, nicht mehr Regierungen treffen politische Entscheidungen aufgrund von Wissen außerhalb des Netzes etc., sondern alle Akteure sind der Allwissenheit und mit ihr der Macht des Netzes unterworfen. Evgeny Morozov hingegen verweist in diesem Zusammenhang flüchtig auf die ersten Universitäten des 12. Jahrhunderts und macht deutlich, dass Wissen und den Wissenschaften immer eine gewisse netzartige Eigenschaft innewohnte. Gerade die Lerntheorie eines William James stellt ein gutes Beispiel für die Netzartigkeit des menschlichen Wissens dar. James erarbeitete bereits im Jahre 1890 ein Konzept der mentalen Assoziationen, als Neuronen samt ihrer Eigenschaft der netzartigen Verknüpfung als Funktionseinheiten des Nervensystems noch unbekannt waren.[119] Morozov kommt zu dem Schluss, dass Weinberger etwas verwechsele, das zu einem grundlegenden Missverständnis im Bereich der sogenannten »digitalen Erkenntnistheorie« führe. Er verwechsele mit seiner Überschätzung des Internets »eine Verschiebung der Architektur des Netzes mit dem Beginn von vernetztem Wissen per se«[120]. Somit kann die voreilige Überhöhung der Technik der digitalen Vernetzung ein wenig geerdet werden, denn »das Internet ist nicht die Ursache von vernetztem Wissen, sondern dessen Folge«[121]. Theoretiker des extended mind[122] würden hier nicht unbedingt widersprechen. Sie würden im Sinne McLuhans hinzufügen, dass der Mensch schon immer mit Medien gedacht hat: Schrift als Entlastung des Gedächtnisses, Stift und Papier zur Durchführung von komplexen Rechenaufgaben etc. Der Mensch sei im Sinne der Theoretiker des extended mind schon immer eine Art Cyborg gewesen, »ein Mischwesen aus seiner Biologie und seinen Werkzeugen – ob diese nun Pfeil und Bogen, Amphoren, Streitwagen oder Laborpipetten heißen«[123].

Der Frage, ob der Mensch schon immer ein Cyborg war oder ob er erst bald einer sein wird, soll hier nicht nachgegangen werden, vielmehr soll eine andere Art der Extension festgehalten werden: Das Internet führt zu einer Multiplikation von auf Anhieb Wissbarem. Die Einschränkung »auf Anhieb« muss vorgenommen werden, da mit oder ohne Internetzugang »Wissbares« schon immer existiert hat. Es ist mit ihm ein effizienterer Zugang zu Informationen möglich. Gleichzeitig – und hier sind wir wieder bei Kant – ist die Welt sicherlich nicht aufgeklärter als früher: Eine Extension der praktischen Vernunft kann mit Sicherheit nicht festgestellt werden. Die einzelnen Menschen haben aber mehr Möglichkeiten, sich zu informieren, und gleichzeitig unendlich viele Gelegenheiten, sich in den Unmengen der Informationen zu verlieren.

Big Data und das Ende der Theorie

Das erste sogenannte »Big-Data«-Phänomen der Menschheit lässt sich nicht genau datieren, aber es sind bereits die »Babylonier, die für damalige Verhältnisse große Massen von Daten über astronomische Beobachtungen, Ernteergebnisse, Handel, Gewerbe und Verwaltungsabläufe auf unzähligen Tontafeln in Keilschrift festhalten«[124]. Ein genauer datierbares Phänomen der massenweisen Datenanhäufung trug sich zwischen den Jahren 1453 und 1503 unserer Zeitrechnung in Mitteleuropa zu. In dieser Zeitspanne wurden circa 50 Millionen Bücher gedruckt. Die Wirkung dieser für damalige Verhältnisse überaus rasanten Entwicklung muss ganz ähnlich wie die heutige gewesen sein. Heute wie damals ließe sich die Situation folgendermaßen beschreiben: »The world contains an unimaginably vast amount of [...] information which is getting ever vaster more rapidly [...]. The effect is being felt everywhere, from business to science, from governments to the arts«[125]. Für das 15. Jahrhundert darf natürlich der zentrale gesellschaftliche Bereich der Kirche nicht fehlen, und bei allen Vorlieben für derartige Analogien: Unvergleichlich mit den Szenarien der Frühgeschichte und der Neuzeit bleibt die schiere Masse an Informationen, die heute kursieren. Es sind so unwahrscheinliche Zahlen, dass sie die Phantasie nicht nur der Fachwissenschaften anregen, sondern seit Jahren konsistent in so gut wie allen Ressorts, von der Gesundheit über Krieg, von Fußball bis zur Partnersuche, lebendig diskutiert werden.

In aller Kürze soll hier die Bedeutung von »Big Data« skizziert werden, die in eine der zentralen Fragestellungen der Philosophie- und Wissenschaftsgeschichte mündet und somit für die vorliegende Arbeit besonderen Wert hat. Der Begriff »Big Data« bezeichnet nicht nur die sich immer weiter aufhäufende Menge von allen möglichen digitalisierten Daten, sondern auch die Korrelationen derselben untereinander. Dies führt unvermeidlich zu systemtheoretischen Überlegungen, bei denen bestimmte Gesetzmäßigkeiten ausgemacht werden können. »Big Data« verweist somit automatisch auf die Disziplin der Musterkennung. Über Musterkennungen werden Metadaten angehäuft, die wiederum analysiert werden können. Schließlich können die analysierten Datenmengen auf gesellschaftliche Entwicklungen und Trends verweisen, die über die quantitative Auswertung qualitative Schlüsse erlauben. Hier kommt die ein wenig verschroben, weil orakulös erscheinende Disziplin der datenbezogenen Zukunftsberechnung ins Spiel. Der Wissenschaftsphilosoph Klaus Mainzer beschreibt sie folgendermaßen: »Epidemien, Marktprodukte und Verbrechen lassen sich, so melden Zeitungen und Medien, immer besser vorausberechnen. Grund sind exponentiell steigende Datenmengen, die immer preiswerter gespeichert und mit gigantisch wachsender Rechenpower immer schneller verarbeitet werden können. Es sind nicht nur die Daten, die viele Millionen von Nutzern in Informations- und Kommunikationsnetzen hinterlassen. Bücher, Musik, Fotografien und Videos gehören ebenso dazu wie Telefonanrufe oder Navigationssysteme unserer Fahrzeuge. Im Internet der Dinge beobachtet die Welt sich selber und produziert über Sensoren Milliarden von Dateneinheiten. Informationskonzerne wie z.B. Google und Facebook vermessen damit die Welt, berechnen Persönlichkeitsprofile und bestimmen unsere Zukunft«[126]. Zentral bei der von Mainzer bewusst reißerisch formulierten Beschreibung ist die Rückführung der vermeintlichen Vorausberechnung auf 1. »exponentiell steigende Datenmengen«, die 2. »immer preiswerter gespeichert« und 3. »immer schneller verarbeitet werden können«. Diese drei Aspekte des Phänomens werden als die technischen Bedingungen von »Big Data« heute festgehalten. Wichtig hierbei ist die Ergänzung der drei Bedingungen um die oft vergessene Grundbedingung der Datenberge: »Big Data« heute ist ein genuin digitales Phänomen. Nur über die Digitalisierung wird die Menge, Kompression, Speicherung und algorithmische Auswertung möglich, und eine Lösung eines »Big-Data«-Problems ist somit nur digital zu bewerkstelligen.

Interessant ist dabei die Verquickung von zwei Aspekten der gleichen Entwicklung. Erstens beschreibt »Big Data« einen irreversiblen Prozess der Anhäufung von unvorstellbaren Datenmengen samt eigener Gesetzmäßigkeiten, die – zweitens – von konventionellen Datenbanken nicht mehr erfasst werden können. Hierfür werden immer neue Programme entwickelt, »die nicht mehr wie klassische Computerprogramme mit einem Rechnerprozessor auskommen [...], sondern in Parallelrechnung [...] Tausende von Prozessoren in Superrechnern gleichzeitig«[127] einsetzen. Dies führt zu einer Art technologischen Endlosschleife. Immer mehr Daten führen zu immer mehr Programmen und immer mehr Rechenkapazität. Wer bestehen will in diesem Spiel, muss in immer mehr Technik investieren. Big Data steht für das programmatische Nivellieren der Inhalte zur Datenmenge. In der Überfrachtung ihrer Technizität kippen Daten als Träger von Information in ihr Gegenteil: Sie werden orakelartig. Mit Big Data vollzieht das Pendel der Dialektik der Aufklärung den weitest denkbaren Ausschlag in Richtung Mystik, könnte man in der Fortführung einer kritischen Theorie nach Horkheimer sagen. Gerade hier ist die Totalität der Entwicklung zu betonen. Big Data steht nicht zur Disposition. Es ist ein der Digitalisierung inhärentes und umfassendes Phänomen. Gleichzeitig degeneriert der Begriff semantisch zur leeren Formel, zum Allgemeinplatz. Eine zeitgemäße kritische Medientheorie muss die Sprachlosigkeit in Anbetracht einer totalitären Entwicklung ins Visier nehmen. Die Algorithmisierung der Datenunendlichkeit entspricht heute mehr denn je der »atemlos kreisenden, doch gleichsam stillstehenden Bewegung des ohnmächtigen Bootes im Wirbel des Maelstroms«[128]. Die Allegorie E. A. Poes beschreibt den Zustand des Menschen in der digitalen Gegenwart ganz treffend: Stillstand im Wirbel der Datenflut, in der der Anwender an den Rand seiner psychosomatischen Kapazitäten gewirbelt wird. Die Phantasie steht auf dem Spiel.

Bruno Latour führt in diesem Zusammenhang eine interessante Gegenüberstellung zweier junger Menschen an. Während in dem Werk »Auf der Suche nach der verlorenen Zeit« Marcel Prousts Protagonist »ganze Tage damit verbringt, sich voll und ganz in die fiktionalen Landschaften zu vertiefen«, investiert ein Jugendlicher von heute seine Energie in das Durchkämmen digitaler Landschaften im Computerspiel. Die Energien verlagern sich. Und Phantasie wird vom digitalen Apparat absorbiert. Jede phantastische Handlung in der digitalen Landschaft hat ihren Preis. »Schon die kleinste Bewegung im virtuellen Raum muss mit Codezeilen bezahlt werden«. Wenn man möchte, dass ein »Avatar einen neuen goldenen Helm trägt oder in die Luft springt, müssen Trupps unterbezahlter Softwareentwickler in Bangalore ihr Bett verlassen«, um für die Bedürfnisse des Gamers »zu arbeiten«[129]. Ob im Computerspiel oder beim Online-Kauf via Amazon: Wir hinterlassen mit jeder virtuellen Aktion Spuren. Und mit jeder dieser Handlungen im Netz tilgen wir die Unterscheidung zwischen dem Sozialen, dem Ökonomischen und dem Psychologischen. Big Data lässt Unterschiede verschwimmen, Grenzen sich auflösen. Der Mensch ist gläsern und mit dem Smartphone zu jeder Tages- und Nachtzeit eingeschliffen in die Kulturindustrie des digitalen Zeitalters, die ausschließlich den Sprachen der Informatik und der Ökonomie gehorcht.

Die Big-Data-Ideologie verspricht eine bessere Welt mit ausreichender Rechenkapazität, und hier muss im Zuge einer zeitgemäßen Medienkritik die leere Datengläubigkeit kritisiert werden. Denjenigen, die die Verkündung des »Wired«-Gründers Chris Anderson: »The end of theory: the data deluge makes the scientific theory obsolete«[130], ursprünglich als Witz verstanden, bleibt mehr und mehr das Lachen im Halse stecken. Denn der datengetriebene (»data-driven«) Forschungsansatz stellt mittlerweile für viele Digitalisierungseuphoriker das Ende einer jahrhundertealten Debatte um Forschungstraditionen dar. Die Frage danach, ob man sich eher dem Äußeren, dem Messbaren, dem Empirischen zuwendet oder auf das Theoretische, Spekulative vertraut, stand an den Anfängen der Wissenschaftsentwicklung und der Philosophiegeschichte. Der Kampf zwischen diesen Lagern wird bereits in Platons frühen Diskussionen zur objektiven Erkenntnis deutlich und verweist auf eine nie endende dialektische Bewegung. Am Ende der Diskussionen, die bis heute lebendig geführt werden, steht meist der sinnvolle Konsens einer vernünftigen Mitte. Adorno setzte sich intensiv mit der Begründung eines vernünftigen Forschungsprinzips auseinander. Auch er kam zu dem Schluss, dass das eine ohne das andere – sprich: Messung ohne Vision und Vision ohne Messung – zum Scheitern des Erkenntnisprozesses führen muss. »Ohne jenes Sich-zu-weit-Vorwagen der Spekulation, ohne das unvermeidliche Moment von Unwahrheit in der Theorie wäre dieser überhaupt nicht möglich: die Erkenntnis beschiede sich zur bloßen Abbreviatur der Tatsachen«[131]. Hier bewegt sich Adorno in Humboldts Fußstapfen. Für Humboldt war mit dem Glauben an eine Wissenschaft, in der lediglich Fakten »durch Sammeln extensiv aneinandergereiht« wurden, »alles unwiederbringlich und auf ewig verloren«[132]. Adorno ging es darum, eine sinnvolle Forschungsstrategie für die Sozialwissenschaften zu formulieren. Das richtige Verhältnis von konkret-empirischer Forschung und theoretischer Vision, also einem »spekulativen« Entwurf, war für ihn maßgeblich. Theorie darf nicht dogmatisch erstarren, Empirie darf nicht zur positivistischen Faktensammelei werden. Nur im Verbund mit der empirischen Forschung kann Theorie sich dynamisch weiterentwickeln. Forschung sollte also immer die Waage halten zwischen Fakten und Spekulation. Denn die vernünftige Deutung des Erscheinenden, das spekulative, idealistische Moment der Sozialforschung selbst, befähigt Adorno zufolge erst dazu, dem »auf kommerzielle und administrative Zwecke zugeschnittene[n] Social Research« zu widersprechen. Somit richtet sich Adornos kritische Forschung nicht nur inhaltlich gegen ein ökonomisches Gesellschaftsbild, in dem »die Menschen primär Objekte von Verwaltungsakten sind«, sondern auch in seiner Erscheinung gegen einen quantifizierten Wissenschaftsbegriff, der »den Gesetzen von Maß und Zahl gehorcht«, weshalb sich »der Grundsatz durchsetzen kann: science is measurement«[133]. Hier folgt er Nietzsche und seiner Kritik am kleinmütigen Realismus seiner Zeit. Letzterer sah eine »fatalistische Unterwerfung unter das Tatsächliche«[134] am Himmel der Aufklärung aufziehen. Das gegenwärtige »Big-Data«-Phänomen konnten Nietzsche und Adorno nicht antizipieren. Sie beobachteten beide jedoch bereits zu ihrer Zeit eine strukturelle Veränderung, die Verschiebung von Bedeutung. Inhalte verlieren ihren Wert. Quantität tritt an Stelle qualitativer Erkenntnis. Es sind bei ihnen schon die Tendenzen »einer zunehmend begriffslosen Praxis« hin zur »pragmatistische[n] Theoriefeindschaft«[135]. Das vermeintliche Ende der Theorie im Angesicht der digitalen Datenschwemme muss in ihrem Sinne Inhalt zeitgemäßer Medienkritik sein.

Kapitel 6

Bildung

Von der Halbbildung zur Unbildung

Der Begriff der Wissensgesellschaft zur Charakterisierung der Gegenwart verweist heute, in der Ära von Postfaktizität und Fake-News, auf eine gewisse Ambivalenz. Einerseits findet ein tatsächlicher informationeller Superlativ statt: Unendliche Mengen an Informationen sind über das Internet zugänglich, die Erleichterung und Beschleunigung von Recherche und Suchvorgängen jeder Art relativieren den Typus des Experten in fast jedem Segment der Gesellschaft. Andererseits hält eine qualitative Veränderung der Verhältnisse Einzug in das Leben der User. Wissend sind heute scheinbar immer mehr die Maschinen, denen der Mensch – hier lässt sich eine bekannte Formel von Anders anwenden – nur noch kosubstantiell beiwohnt. Wie wir gesehen haben, gelten Lernen und die Kulturtechnik des journalistischen Schreibens nicht mehr als exklusive Fähigkeiten des Menschen. Adorno hätte diese Entwicklung skeptisch beobachtet, da die Funktionalisierung von Wissen für die Bereiche Technik und Ökonomie bereits seit Bacon der Entwicklung einer instrumentell verkürzten Vernunft zuzuordnen war. Gerade die Verkürzung der menschlichen Erkenntnis auf technische Möglichkeiten und Profitmaximierung waren die zentralen Kritikpunkte, die Adorno mit seiner Theorie der Halbbildung herausarbeitete. Zudem war Bildung schon immer auch mit konzentrierter Arbeit an Inhalten verbunden. Dafür nötig war der Schutz »vorm Andrängen der Außenwelt«, die »Schonung des Einzelsubjekts [und] sogar die Lückenhaftigkeit der Vergesellschaftung«[136].

Der Schutz vor der Außenwelt und die Schonung des Einzelsubjekts sind heute kaum noch zu bewerkstelligen. Denn Imperative der Digitalisierung verfolgen den Einzelnen bis tief in die Privatsphäre hinein. Wir erinnern uns: Privatsphäre gilt offiziell als Begriff der Vergangenheit. Der Anwender der GAFA-Programme im »Always-on«-Modus soll sich an den verschiedenen technischen Spielereien erfreuen, die ihm das geistige Leben vermeintlich erleichtern. So kommt der heutige User, ohne es zu wollen, dem Bild derjenigen Menschen, die sich ihre »geistige Existenz komfortabel einrichten und schlucken, was in [sie] hineingestopft wird«[137], ziemlich nah. Dabei »wird das Privatleben Ungezählter zu dem von Agenten und Vermittlern, ja der Bereich des Privaten insgesamt wird verschlungen von einer rätselhaften Geschäftigkeit, die alle Züge der kommerziellen trägt, ohne dass es eigentlich etwas zu handeln gibt«.[138] Die Geschäftigkeit, die heute überall und zu jeder Zeit in Form der eifrigen Laptop- oder Smartphonenutzung zu beobachten ist, konnte Adorno zwar nicht voraussehen, aber doch zumindest eine eigentümliche Entwicklung antizipieren, die in der Nachkriegsgesellschaft ihren Anfang nahm. Die Auslagerung von Wissen, Lernen und verschiedenen Kulturtechniken (wie der der Sportjournalistik) konnte von ihm jedoch kaum vorweggenommen werden. Ebenso wie die neue digitale Form der Wahrheitsfindung: Der »digitale Fakt« verweist auf eine bestimmte Eigendynamik des Internets, bei der die Anwender einem virtuellen Chor an Stimmen gegenüberstehen. Und die schiere Quantität (Big Data) und bestimmte informationelle Machtverhältnisse (Google) bestimmen, welcher dieser Chöre am wahrhaftigsten singt. Digital und Real verschwimmen also auch unter dem Gesichtspunkt einer Suche nach einer möglichen Wahrheit immer mehr. Walter Benjamins Überlegungen zur Umkehrung der virtuellen Situation treffen in diesem Zusammenhang erst heute auf ihre Entsprechung in der Praxis: Was nicht in irgendeiner Form medial aufgearbeitet erscheint, gilt für viele Anwender tatsächlich als nicht realisiert. Es ist ganz so, wie er es vor gut siebzig Jahren formulierte: »[D]er apparatfreie Aspekt der Realität ist zu ihrem künstlichsten geworden und der Anblick der unmittelbaren Wirklichkeit zur blauen Blume im Land der Technik«[139]. Das Konzept der Wahrheit erfährt gegenwärtig seine digitale Relativierung. Dabei war Bildung schon immer auf feststehende Wahrheiten geeicht. »Der Verzicht auf das, was man den Wahrheitsbezug des Wissens nennen könnte [...], war bei Adorno noch Erscheinung von Halbbildung gewesen, da er nicht intendiert, sondern Ausdruck des objektiven Unvermögens gewesen war. Nun wird der Verzicht auf Wahrheit programmatisch und damit zur Unbildung«[140].

Die programmatische Unbildung zeigt sich heute am deutlichsten an der konsequenten Verlagerung von einst exklusiv menschlichen Fähigkeiten in die Technik. Die Bedingung der Möglichkeit von Erkenntnis, Wissen und Bildung ist für viele zu einer technischen geworden: dem Internetzugang. Kritik nach Adorno muss bei dieser technoiden Wissenskultur ansetzen. Das Programm der Unbildung macht sich aber auch an der wahrheitsfreien Rhetorik des Wissens- und Bildungsmanagements deutlich. Statistiken, Diagramme, Mindmaps, bunt und bewegt – oft sollen Vorträge an Universitäten und Unterrichtsinhalte an Schulen medial vielseitig und unterhaltend gestaltet sein. Doch gerade die Betonung des Fun-Faktors und das Einbinden eines bunten Bildschirms müssen im Sinne Adornos als sich verselbständigt habende Anpassungsleistungen an approbierte Kulturelemente angesehen werden. Sie galten als zentrale Charakteristik der Halbbildung. Was bei Adorno noch gesellschaftlich determinierte, vom einzelnen Bewusstsein unabhängige Fehlentwicklung war, ist heute zwar nicht weniger determiniert, wird aber nicht mehr als Fehlentwicklung wahrgenommen. Denn der Trend zu Smartphones, Smartboards, Smartwatches gilt überall als begrüßenswerte Entwicklung, vor allem in der Schule.

Microsoft 365 und Covid-19

Der Digitalpakt der Bundesregierung mit den Ländern in Höhe von fünf Milliarden Euro macht das deutsche Schulwesen seit Anfang 2019 für IT-Anbieter zu einem lukrativen Markt. Rund zehn Millionen Schüler müssen dringend mit Tablets, Rechnern, digitalen Tafeln versorgt werden. Für die Software steht etwa eine halbe Milliarde Euro zur Verfügung. Die sogenannte »Schulcloud« ist hier das Herzstück. Sie wird für alle Beteiligten nicht nur digitaler Assistent im realen Schulalltag sein, sondern vielmehr virtueller Raum, in dem Unterricht stattfindet. In ihr können sich Schüler und Lehrer direkt über Videoschaltung austauschen, über sie werden Aufgaben verteilt und eingesammelt, sie ist Klassentagebuch, Materialsammlung, persönliches audiovisuelles Notizbuch und vieles mehr. Cloud bedeutet Kommunikation, Kollaboration und Vernetzung in Echtzeit. Gleichzeitig ist sie das umfassende Speichermedium von Bildungskarrieren. In der Zukunft wird im Kindergarten damit angefangen, das jeweilige Profil der Cloud mit Daten zu bepacken. Das geht dann über die Grundschule, Sekundarstufe und Oberstufe bis zum Hochschulabschluss so weiter und am Ende ist eine digitale Lernbiographie entstanden, die detaillierter kaum sein könnte. Ein potentieller Arbeitgeber wird das jeweilige Datenkonvolut der Cloud durchscannen und so ganz ohne Bewerbungsgespräch feststellen können, ob der jeweilige Absolvent zu ihm passt. Die Cloud ist dann für jeden die digitale Plazenta, von der er sich nicht mehr abnabeln können wird. Die digitale Speicherung der Lernbiographie wird konstitutiv. Schülern kommt in naher Zukunft die Schulcloud ebenso apriorisch zu wie die reale Schule. Es wird sich dann nicht mehr die Frage stellen, ob digital unterstützt oder nicht, sondern lediglich wie intensiv. Die umfassende Digitalisierung in der Schule birgt insofern auch Gefahren. »Lerndaten lassen nicht nur Schlüsse auf die künftige Biografie des Schülers zu. Man kann sie mit anderen Daten verknüpfen. Etwa mit Informationen aus freiwilligen Überwachungssystemen, die Schüler auf die Nutzung bestimmter Schlagworte filzen. In den USA ist es Alltag, in den Suchverläufen auf Google, in E-Mails, Chats und geteilten Dokumenten auf Google-Docs nach Begriffen wie ›Suicide‹ oder ›Ku Klux Klan‹ zu fahnden – um Schulattentaten vorzubeugen«[141].

Was auf den ersten Blick positiv wirkt, entpuppt sich bei genauerem Hinsehen als riskant. Denn die negativen Effekte der flächendeckenden Datensammlung in der Cloud sind im Grunde vorprogrammiert. Fragen stehen mit ihr im Raum, die an die Diskussion zum maschinellen Vergessen im Zusammenhang mit Google erinnern. Was, wenn mein Kind in der Grundschule extrem leistungsschwach und in der Oberstufe verhaltensauffällig war? Wird das in der endgültigen Gesamtschau im Vordergrund stehen? Wie wirken sich negative audiovisuelle Sequenzen – etwa in Form einer aufgezeichneten Liveschaltung zu einer gehaltenen Präsentation – auf die Gesamtbewertung am Ende aus? Was, wenn die Cloud selbst über einen bestimmten Zeitraum technische Fehler enthielt? Wird es in Zukunft gute bzw. elitäre Clouds und schlechte, »Prekariatsclouds« geben? Die Unsicherheiten und Ängste, die eine schulische Datenwolke erzeugt, schlagen sich vereinzelt in den Reaktionen der Eltern nieder, die mit einem fortgeschrittener digitalisierten Schulsystem zu kämpfen haben. In Maryland gibt es mittlerweile Eltern, die darauf bestehen, dass die Daten ihrer Kinder regelmäßig gelöscht werden. Die Furcht vor der durchleuchtbaren Schülerbiographie wird greifbar, wenn man bedenkt, wie genau Daten heute schon gesammelt werden und welche algorithmischen resp. unwahrscheinlichen Querverweise die Daten zulassen. »Parents across the US told (...) that they were afraid about having detailed educational data about their children – like how quickly they complete their homework – being fed into the enormous black box of the data mining industry«. Die enorme Schwarze Kiste namens Cloud, die am Ende nicht nur mit der kalten Information zu Leistungsmessungen bestückt ist, sondern mit höchst intimem Datenmaterial zu emotionalen Regungen, Pupillenweitungen, zu Verzögerungen aufgrund von Hemmungen bei bestimmten Aufgabenstellungen, zu Momenten des Haderns, des Stotterns, zu jeder Art von der Norm abweichendem Verhalten. »We don't want any of this stuff hanging out and then being used against kids when they apply to college«, sagt ein Vater aus Maryland. »If my child wants to run for office, something he did in second grade shouldn't hold him back«[142], gibt eine Mutter zu bedenken. Ihre Sorgen sind nachvollziehbar. Doch wie wahrscheinlich wird der Erfolg ihrer Forderung nach der Löschung heikler Daten ihrer Kinder aus der Schulcloud sein? Welcher Softwarearbeiter würde sich die Mühe machen, einen Datenberg zu durchforsten, um etwas zu löschen, ohne dass er es müsste?

Zurück nach Deutschland. Hierzulande ist die Entwicklung noch nicht so weit. Die Weichenstellungen in Richtung Schulcloud und Cloudteaching fanden jedoch mit der Bewilligung der fünf Milliarden Euro statt. Seitdem wird an Cloudlösungen hierzulande fieberhaft gearbeitet. Trotz der Menge an kleinen, mittelständischen und größeren Anbietern aus dem Inland und europäischen Ausland entscheiden sich viele Schulen gerade in Corona-Zeiten für die stabile Microsoft-Cloud. Hier geht es um schnelle und praktikable Lösungen. Unterricht muss – wenn er nicht in der Schule stattfinden kann – über die Cloud per Videoschaltung gehalten werden. Unkompliziert und komfortabel soll es gehen. Bei der Wahl der Cloud im Angesicht der Pandemie verringern sich – so scheint es – die Ansprüche in Sachen Datenschutz. Die Angst vor dem gesellschaftlichen Kollaps treibt eine Schule nach der anderen in die Fänge von amerikanischen Monopolkonzernen. Bei der Auswahl stehen Stabilität, Bedienerfreundlichkeit und Schnelligkeit im Vordergrund. All dies sind technische Argumente. Nicht so sehr die informationelle Selbstbestimmung. Denn »Microsoft unterliegt als amerikanisches Unternehmen dem Cloud-Act. Es ist gesetzlich verpflichtet, auf Verlangen Daten an die US-Regierung herauszugeben. ›Das gilt auch für Server amerikanischer Firmen, die in Europa stehen‹ [...]. Microsoft hat das auf Anfrage bestätigt. Bei Microsoft ist für deutsche Datenschützer ohnehin unklar, welche Daten abfließen – und wozu. Das geschieht automatisch, wenn die Microsoft-Cloud ihr System analysiert.

Für Funktionstests werden dann so genannte Telemetrie-Daten an die Zentrale in Redmond gesandt. Nur wissen die Datenwächter nicht, welche Daten das genau sind. Sie haben sich deswegen auf ihrer jüngsten Datenschutzkonferenz im November mit Microsoft befasst. Prompt lud sich das Unternehmen selbst zu einem Gespräch mit den Datenschützern ein. Trotz freundlichen Palavers wissen die aber nun immer noch nicht zuverlässig Bescheid. Warum? Weil Microsoft formell nicht gegenüber den deutschen Datenschützern auskunftspflichtig ist, sondern den irischen. In Irland hat Microsoft Europa seinen Sitz«[143]. Deutsche Schüler, die mit einer amerikanischen Massencloud in die Zukunft starten, dürften folglich wenig bis gar keine Einflussmöglichkeiten auf die vom Konzern gesammelten Daten haben. Hier müsste man den Eltern der betroffenen Kinder (wie denen in Maryland) dann tröstend auf die Schultern klopfen und sagen, dass es halt leider jetzt allen so geht. Schlimmer als das ist jedoch die Tatsache, dass in Zukunft ein Großteil der Daten deutscher Schüler und Lehrer auf US-Servern gespeichert und exklusiv für US-Behörden zugänglich sein wird. Die Gläsernheit als Conditio sine qua non unseres digitalen Daseins nimmt in diesem Zusammenhang eine vom deutschen Bildungssystem konkret erzwungene Dimension an. Denn derjenige, der nicht mitmacht, wird ein veraltetes Wesen sein, das den Anschluss verpasst hat.

Der postliterale Mensch

Der postliterale Mensch steht – so die schlichte Ideologie des heutigen Bildungsmanagements – vor neuen Herausforderungen, denen nicht mehr mit einem tradierten schriftlichen Bildungskanon beizukommen ist. Essentiell hingegen ist die kompetente Anwendung der Geräte. Der Gebildete erscheint in diesem Zusammenhang in einem neuen Gewand. Er wird nach und nach weniger humanistisch-reflexiv und dafür in zunehmendem Maße technisch-effizient. Dabei bestimmt kein feststehender inhaltlicher Fundus, sondern die Idee der variablen Kompetenzen die Reformmotivationen im deutschen Erziehungswesen. Medienkompetenz nimmt darin eine zentrale Stellung ein. Je mehr medienorientierte Unterrichtseinheiten, desto besser. »Keine Bildung ohne Medien!«[144], lautet der affektierte Schlachtruf einer exemplarisch gewählten Bewegung. Der Bildungsaspirant wird darin ganz, dem Wortlaut Adornos folgend, vor allen potentiellen Lernerfolgen zunächst zum »Zwangskonsumenten«[145], und zwar nun nicht mehr der Fernsehgeräte, sondern der Computer und der ihm zur Verfügung gestellten Programme. Die Computerisierung hat eine staatlich verordnete Dimension. War es vor einem guten halben Jahrhundert noch die Fragwürdigkeit einer vereinheitlichten und inhaltslos gewordenen Sprache, an der sich kritische Theorie entzündete, von der aus die Zwänge einer »gesellschaftlichen Totalität« analysiert wurden, so mutet heute solche Art von Kritik am primären Medium des Menschen – der Sprache – fast ein wenig bieder, irgendwie zahm an, vergegenwärtigt man sich die Entwicklung, der wir alle beiwohnen. Der mit Emojis durchsetzte und mit Kennungsfunktion flankierte Jargon der Echtzeitmessenger ist zweifellos der Tiefpunkt eines Sprachregresses, mit dem sich ein jeder mittlerweile auseinandersetzen muss.

Die Entwicklung verweist auf einen tiefergehenden Zusammenhang. Denn Sprache ist eine der zentralen Prämissen, aus denen sich der Mensch als Spezies ableitet. Sie ist Fundament und Medium der psychischen und sozialen Entwicklung. Sprache war noch nie nur Kommunikationsmedium, sondern immer auch Mittel zur Ausbildung der Persönlichkeit und Individualität. Sprache ist geäußertes Denken, geäußertes Fühlen. Der Einzelne ist, so gesehen, was er spricht. Sprache ist der archimedische Punkt des Jahrtausende alten Versuches, Mensch zu sein. Reduktion von Sprache bedeutet somit nicht nur einfach zeitweilig verringerte geistige Beweglichkeit, sondern vielmehr Reduktion des Menschen an sich. Die starren Sprachbausteinangebote der Echtzeitmessenger erzeugen eine Infantilisierung der Anwender – und da alle anwenden – unserer Gesellschaft. Wir werden infantiler im ursprünglichen, wortwörtlichen Sinne. Die allgemeine Sprachlosigkeit wird mit der flächendeckenden und permanenten Nutzung der Apparate tief ins Unbewusste der Anwendercommunity eingeschrieben. Und obwohl die neuen Kommunikationstools (für jeden deutlich sichtbar) Sprache und mit ihr Individualität reduzieren und sogar auflösen, wird die haarsträubende Totalität der Entwicklung nur selten Impulsgeber für Kritik. Dass sich die hochvernetzte Gesellschaft über die genutzten Geräte und Programme zu einer homogenen Masse gleichschaltet, in der jeder auf identische Weise kommuniziert, scheint nicht nur ein hinnehmbarer Aspekt einer alternativlosen Entwicklung zu sein; die nivellierenden und standardisierenden Effekte der Anwendungszusammenhänge sind vielmehr begrüßenswerter und spannender Bestandteil der computergestützten Menschheitsentwicklung hin zu einer fröhlichen Technikutopie.

Der einst von Günther Anders noch provokant formulierte Initiationsritus des Roboterzeitalters wird heute offiziell staatlich verordnet. Abgesehen von der kontrovers geführten Debatte über die Computerisierung von Schulen wird über Verlage und Lehrwerke bereits ganz konkret an der Umsetzung des digitalen Imperativs gearbeitet. Keine Neuerscheinung eines Schulbuchs kommt mehr ohne digitalen Unterrichtsassistenten aus. Eine Schule, die sich gegen die Computerisierung der Klassenzimmer wehrt, bleibt so gezwungenermaßen mit veraltetem Material zurück. Hier sind die Angebote – ganz so, wie es Anders in ähnlichem Zusammenhang polemisch formulierte – die Gebote von heute.[146] Die Digitalisierung wird so automatisch zum Konstituens der Realität an Schulen und Universitäten. Zwang geht ganz konkret von den Verordnungen der Kultusministerien aus. Zudem festigt sich ein digitales Zeremoniell bei Jugendlichen ganz von selbst. Der medieninkompetente Schüler wird auch ohne Lehrer und ohne medienaffines Kultusministerium von seinen Mitschülerinnen und Mitschülern als zurückgeblieben bewertet und gilt so gesehen als bedauernswerte Kreatur, die den über lebenslänglichen Erfolg oder Misserfolg entscheidenden Initiationsritus des Roboterzeitalters verpasst hat.

Im Roboterzeitalter kommt alles bunt glitzernd und spaßbereitend daher. Inmitten der feinpixelig geschmeidigen Aufmachung degenerieren wir nicht nur zu Analphabeten der Schriftsprache, sondern sind gleichzeitig Analphabeten der Programmiersprachen. Nicht das eine Medium ersetzt das andere in einer Weise, in der uns womöglich das Rüstzeug für die Bewältigung der neuen medialen Umgebung von vornherein gegeben wäre, sondern wir schlittern unversehens in die totale Unmündigkeit in doppeltem Sinne. Der gegenwärtige Anwender ist von unermesslichen Datenmengen umgeben und bleibt dabei auf gespenstische Weise unwissend. Das hat neben der schieren Quantität der Daten auch einen qualitativen Grund. Erkenntnis wird immer weniger als subjektives Ereignis, sondern zunehmend als feingepixeltes Phänomen verstanden. Hier erscheint nicht mehr der Mensch als Wesen, das in der Introspektion zur sublimen transzendentalen Erkundung seiner selbst fähig ist, sondern über die Apparate wird diese – im deutschen Idealismus noch als explizites Indiz für das Menschsein schlechthin geltende – Fähigkeit ausgelagert. Der »sich selbst wissende Geist«[147] ist heute einer, der sich mit seiner smarten Umgebung zu synchronisieren weiß. Einer, der zu jeder Tag- und Nachtzeit einen beträchtlichen Teil des über Jahrtausende akkumulierten Wissens googeln kann. Hegels Anspruch auf subjektives Wissen verdeutlicht die Verantwortung eines jeden, sich Wissen anzueignen. Die zentrale Pointe der geistesgeschichtlichen kopernikanischen Wende nach Kant, seine intensive Forschung nach dem, was »die Natur der Vernunft ihr selbst aufgegeben«[148] hatte, führte bekanntlich zur »Umänderung der Denkart«[149]. Diese zielt auf die Betonung des subjektiven Charakters von Wissen ab. Unsere Denkart wird gegenwärtig jedoch immer verrechenbarer. Wird aber tatsächlich unser Verstand digitalisiert? Das Problem des Erlernens einer Sprache gilt für viele als technisch gelöst. Der Google-Übersetzer erzeugt in diesem Zusammenhang den konkreten Glauben an eine vom Smartphone gestützte Vielsprachigkeit. Dies ist jedoch nur ein Symptom einer tieferliegenden Bedeutungsverschiebung. An die Stelle der Erkenntnis tritt der

Glaube an eine technisch-ökonomische Cleverness. Nicht die Sprache selbst und mit ihr das Kennenlernen und Vereinnahmen von Mentalitäten und Gefühlsnuancen einer anderen Kultur stehen im Zentrum der Aufmerksamkeit, sondern das rein technisch überwundene Hindernis der Fremdsprache selbst. Die instrumentelle Vernunft – ein zentrales kritisches Theorem Max Horkheimers –, also die krude Dienstbarmachung von Wissen und Erkenntnis für die Bereiche der Ökonomie und der Technik, liegt heute brach. Das zeigt sich ganz konkret bei der Schließung einer geisteswissenschaftlichen Fakultät an einer beliebig gewählten Universität. Hier wird konsequent die Frage aufgeworfen, ob Philosophie, Grundlagenforschung, Sprachen und Literatur als Studieninhalte in Zeiten von Big Data und Google-Übersetzer überhaupt noch zu rechtfertigen sind. Wissen, Erkenntnis und Lernen sind für viele Anwender tatsächlich keine exklusiven psychosomatischen Territorien des Menschen mehr. Dabei werden sie immer höchst subjektive Ereignisse bleiben, denn Wissen lässt sich nicht auslagern, auch nicht in die Medien unserer Zeit.

Kapitel 7

Medien

Es gibt wahrscheinlich kaum einen nebulöseren Begriff. Das hat seinen Grund. »Noch vor einem halben Jahrhundert fand man unter dem Eintrag ›Medium‹ lediglich Hinweise auf Menschen mit parapsychologischen Fähigkeiten, auf eine grammatische Form griechischer Verben und auf physikalische Wellentheorien – nicht aber auf Radio oder Film«[150]. Aus dem altgriechischen μέσον (*méson*) leitet sich die Bedeutung »das Mittlere« ab. »Medium« wird gemeinhin als das Vermittelnde verstanden. Somit wird auch eine Tür, an die geklopft wird, zum »Medium«. Die Bezeichnung einer Person als ein »Medium«, das Verbindung zu anderen Welten herstellen kann, weicht erst in den 1980er Jahren einem wissenschaftlichen Terminus. Hier vollzieht sich ein Bedeutungswandel. »Medium« schließt seitdem die Bedeutungen »›Mittel der Kommunikation‹, ›Mittel der Speicherung von Information‹ und ›Mittel der Konstruktion von Gegenständen‹«[151] ein. Dabei beschränkt sich die Verwendung des Begriffes meistens auf die ersten beiden der genannten Bedeutungen. »Mittel der Kommunikation und Speicherung« ist heute natürlich, aufgrund der rasanten digitalen Innovationsschübe, ein viel weiter gefasster Begriff als noch vor sechzig Jahren. Damals fand massenmediale Kommunikation bekanntlich nur in eine Richtung statt. Vor allen Dingen stand das Fernsehen in der Kritik, aber auch das Radio und der Printbereich in Form der Magazine und Journale. Medien sind damals wie heute konstitutiv für die Definition von Mensch und Gesellschaft. Einzelne, Gruppen und ganze Bevölkerungsteile definierten und definieren sich über Medien. Selbst die Frage nach dem, was der Mensch und die Gesellschaft waren und sind, kam und kommt nicht ohne den Medienbegriff aus. Hervorzuheben ist in diesem Zusammenhang die Zusammennahme von zwei außergewöhnlichen Qualitäten des Begriffs: Sprachliche Unschärfe trifft auf konstitutive Relevanz. »Gesellschaften sind immer stärker von der Beschaffenheit der Medien, über die die Menschen miteinander kommunizieren, geformt worden, als vom Inhalt der Kommunikation«[152]. McLuhan traf mit dieser Bemerkung vor einigen Jahrzehnten eine – für die Erarbeitung zeitgemäßer Medienkritik in zweierlei Hinsicht – wichtige Aussage. 1. Dem Menschen wird ein Medium vorgegeben, für oder gegen das er sich nicht entscheiden kann. 2. Das Medium gibt Wahrnehmungs- und Kommunikationsformen vor und wirkt so in einem hohen Maße auf den Menschen ein. Dieser war zunächst ein sprechendes, dann schreibendes und lesendes Wesen. Im Zuge dessen wurde er zu einem alphabetisierten, einem grammatischen Subjekt, dann folgte die Kinematographisierung. Heute ist es die Digitalisierung, die dem Subjekt die technisch-medialen Bedingungen als eine Art Grundkonstitution seiner Erfahrungs- und Bedeutungskonstruktion bereitstellt.

Sprache

Eine erste Entwicklung in Richtung »Medialität« wurde dem Menschen durch die Entwicklung der Sprache zuteil. Selten macht man es sich bewusst: Sprache als unser primäres Medium wurde auch einmal erfunden. Es müssen zunächst lächerliche Versuche gewesen sein. Vor der Höhle sitzend, in den Sternenhimmel blickend fing der Mensch der Vorzeit an, sich verbal auszutauschen. Vielleicht gab er auch auf der Jagd oder beim Beerensammeln die erste strukturierte Aneinanderreihung von Tönen von sich. Er erfand bestimmte Laute: für Mitmenschen, Gefühlslagen, Gegenstände, andere Lebewesen, Wetterlagen, Gefahren und wurde mit jeder Weiterentwicklung seiner Laute zu Begriffen, seiner Begriffe zu Begriffsbündeln, seiner Begriffsbündel zu Grammatiken immer sprachlicher. Im Prozess der Sprachfindung entwickelte er seine mediale

Konstitution der performativen Sprachlichkeit. Seine mediale Situation entwickelte sich vom bloßen diffusen Laute-von-sich-Geben – wie es bei Tieren noch zu beobachten ist – zur geordneten Kommunikationsmodalität via Begriffen, die bis heute Bedeutungskompromisse darstellen. Mit den neuen Bezeichnungen wurde die Realität auf der einen Seite facettenreicher, da die verschiedenen Sichtweisen und Ideen der verschiedenen Teilnehmer der Spracherfindung zu neuen Begriffen führten, die kommunizierbar machten, was vorher schlichtweg nur für den einen existent war, aber für den anderen nicht. Mit der Sprache ging eine Vertiefung der Wirklichkeit einher. Gleichzeitig – und hierauf laufen die bislang populärsten Sprachkritiken hinaus – ging mit dem Elaborat der Sprache die Vereinheitlichung von Sinnzusammenhängen und die damit zusammenhängende Reduktion von Komplexität einher. Denn mit der Erfindung eines Begriffs für einen Gegenstand wurde der in sich diverse Gegenstand sozusagen verbal normiert. Das Wort »Vogel« für alle gefiederten fliegenden Tiere mit Schnabel enthält eine Eingrenzung des unendlichen Artenreichtums auf die genannten gemeinsamen Eigenschaften. Der Begriff »Seele« als Gesamtheit aller Gefühlsregungen und geistigen Prozesse suggeriert die Möglichkeit, überhaupt vereinheitlichend etwas zu meinen, was vielleicht gar nicht unter ein Wort als Bedeutungskompromiss subsumierbar ist. Was, wenn »die Einheit des unter allgemeinen Begriffen Befassten« immer »grundverschieden von dem begrifflich bestimmten Besonderen« bleibt?

Es ist sozusagen die Ursünde der Sprache, dem Besonderen mit der Bildung eines Begriffs eine Identität zu verleihen, die sich immer vom Bezeichneten selbst unterscheiden muss. Der zentrale Widerspruch der Sprache ist folgender: Sprache kann gar nicht das vermitteln, was sie zu vermitteln meint. Sie ist immer ein Schritt in die Verallgemeinerung und damit immer eine Reduktion von Komplexität. Sprache leistet also etwas, das innerhalb ihrer medialen – also sprachlichen – Grenze bleibt. Die identifizierende Bewegung der Sprache, die suggeriert, Gegenstände in ihrer Gänze umreißen zu können, ist in dieser

Hinsicht nicht nur an sich fragwürdig. Sie ist trügerisch. Adornos Konzept des »Nichtidentischen« verweist genau darauf. Bei ihm hat exemplarisch »der allgemeine Begriff von Besonderheit [...] keine Macht über das Besondere, das er abstrahierend meint«[153]. Er bleibt in der Abstraktion stecken und weist sich als das Besondere selbst aus. In Bezug darauf spricht Adorno von der Zwangsjacke der Begriffe. Aufgabe der Philosophie sei es, diese Zwangsjacke zu erkennen und zu versuchen, sie zu öffnen. Dazu formuliert er eine Art Münchhausen-Dilemma der Sprache und das Anliegen der Philosophie, Sprache am eigenen Zopf aus dem Sumpf des begrifflich identifizierenden Denkens herauszuziehen oder, wie er selbst einprägsam formuliert, »über den Begriff durch den Begriff hinauszugelangen«[154]. Dieses Paradoxon ist das sprachphilosophische Hauptmotiv seiner *Negativen Dialektik*. Es wird die Sisyphos-Aufgabe des Philosophen bleiben, den Widerspruch punktuell zu lösen, um dann immer wieder festzustellen, dass er dem Problem der begrifflichen Identität letztendlich nicht entkommen kann. »Die Utopie der Erkenntnis wäre, das Begriffslose mit Begriffen aufzutun, ohne es ihnen gleichzumachen«[155]. In diesem Kontext kommt die Sprache der Philosophie in nächste Nähe zum »Material« der Kunst. Sprache gerät in der Suche nach tiefer Erkenntnis in eine Art Schwebezustand. Das Material, mit dem der Sprechende bzw. der Künstler zu arbeiten hat, ist jedoch immer schon vom ursprünglichen Bedeutungskompromiss (der zurückgeht auf seine Herkunft am Lagerfeuer vor der Höhle) präformiert. Sprache ist so gesehen immer ein Hantieren mit höchst obsoletem medialem Werkzeug. Zudem macht sie zwar kommunizierbar, was vorher nicht aussprechbar war, sie lässt aber auch erkennen, dass mit ihr prinzipiell nicht alles aussprechbar ist. Sprache kann zum einen nie der Gesamtheit der Ereignisse und der Komplexität der Sachverhalte in der Umwelt gerecht werden. Sie kann zudem auch nicht alle Dimensionen des Denkens und Fühlens im Inneren der Menschen abbilden. Sie trägt in sich ihre eigene Begrenzung. Sie kann eben nur das, was sie ermöglicht. Nämlich über Laute in zeitlicher Abfolge Bedeutung vermitteln.

Ludwig Wittgenstein widmete einen Großteil seiner Arbeit explizit den Grenzen von Sprache. Sein philosophisches Anliegen war, mit den Mitteln der Sprache deren eigene Grenzen zu benennen, also im Medium selbst die Grenzen des Mediums abzustecken. Er formuliert den folgenden sprachkritischen Imperativ: »Was sich überhaupt sagen lässt, lässt sich klar sagen; und wovon man nicht reden kann, darüber muss man schweigen«. Hinter seinem Bestreben, dem Denken eine Grenze zu ziehen, »oder vielmehr – nicht dem Denken, sondern dem Ausdruck der Gedanken« eine Grenze zu ziehen, liegt die Erkenntnis, dass die Gedankenwelt der Menschen und mit ihr die Sprache eine Grenze haben muss. »Denn um dem Denken eine Grenze zu ziehen, müssten wir beide Seiten dieser Grenze denken können (wir müssten also denken können, was sich nicht denken lässt). Die Grenze wird also nur in der Sprache gezogen werden können und was jenseits der Grenze liegt, wird einfach Unsinn sein«[156]. Auch bei Wittgenstein kann Sprache nicht alles abbilden. Wer es mit ihr versucht, wird ab einem bestimmten Punkt schlicht und ergreifend Unsinn von sich geben. Die Attraktivität von Wittgensteins logisch-philosophischem Traktat liegt in seiner vordergründigen Einfachheit. Das Denken hat seine Grenzen, die wir aber nicht denken können. Das macht ja gerade die Grenze aus. Über das Medium des Denkens lässt sich aber doch zumindest eine Grenze des Denkens formulieren.

Knapp zwei Jahrhunderte vor Wittgenstein kam Hegel bereits zu einem ähnlichen Schluss. Bei ihm ist es nicht der Unsinn, sondern der Widerspruch, der Sprache in seine Grenzen weist. Er nennt es die »Arbeit am Begriff« und verweist auf eine erstaunliche – der Sprache immanente – Widersprüchlichkeit. Er erläutert sie am Begriff »Anfang«, der auf folgenden Grundzustand verweist: »Es ist noch nichts und soll etwas werden«. Anfang bedeutet also nicht »Nichts«, denn aus dem reinen »Nichts« kann schlecht etwas werden. Gleichzeitig kann aber auch noch nicht etwas da sein, denn »wenn es schon da ist, muss es schon angefangen haben und der Anfang wäre vorbei«[157]. Der Begriff fängt also an zu arbeiten: »Der Anfang ist nicht das reine Nichts, sondern ein Nichts, von dem was ausgehen soll: Das Sein ist also schon im Anfang enthalten. Der Anfang enthält also beides: Sein und Nichts; ist die Einheit von Sein und Nichts, – oder ist Nichtsein, das zugleich Sein, und Sein, das zugleich Nichtsein ist«[158] Die Widersprüchlichkeit des »Anfangs« oszilliert zwischen den Begriffen Sein und Nichts. »Nehmen wir also das wirklich ›reine Sein‹ ohne alle weitere Bestimmung: ›In seiner unbestimmten Unmittelbarkeit ist es nur sich selbst gleich [...] Es ist die reine Unbestimmtheit und Leere‹. Wäre dieses Sein nämlich Sein von etwas, wäre es nicht mehr rein, sondern konkretisiert zu einem Gegenstand. Vom reinen Sein lässt sich nicht mehr sagen, als es ist. Mehr nicht. Das Sein selbst – wenn ich es bedenke und am Begriff des Seins arbeite – kippt also an einem bestimmten Punkt um in das Nichts: hinter diesem Sein verbirgt sich nichts, dahinter ist reine Leerheit, da gähnt der Abgrund des Nichts im Sein selbst auf: ›Das Sein, das unbestimmte Unmittelbare ist in der Tat Nichts und nicht mehr und weniger als Nichts‹«[159]. Hegel kommt mit seiner intensiven »Arbeit« am Begriff des Anfangs zu dem Schluss, dass das reine Sein und das reine Nichts dasselbe sind, da sie beide auf die totale Leere verweisen. Der Anfang bewegt sich zwischen diesen beiden Modi der Leere und trägt die Spannung zwischen Sein und Nichts in sich.

Hegels Begriffsanalyse steht exemplarisch für die Tiefe der Ambivalenzen, die der Sprache inhärent sind. Seine präzise und beeindruckende Sprachanalyse zeigt auch die katalytische und synthetische Qualität von Sprache. Sie erzeugt erst den Sinn, den der Mensch durch sie kennenlernt. Sie hebt den Menschen auf eine höhere Stufe und macht ihn erst zu dem, was er ist. Sprache grenzt uns Menschen von den anderen Tieren ab. Die auf den ersten Blick banale Szene einer sterbenden Katze, die das Zureden der sie umringenden Menschen nicht verstehen kann, nimmt Günther Anders zum Anlass, sich in sie hineinzuversetzen und aus ihrer Sicht die Menschen als Wesen zu beschreiben, die lediglich »sinn- und taktlos um sie herum Lärm erzeugten«[160]. In diesem Zusammenhang ist nun nicht so interessant, dass das Tier die menschliche Sprache nicht versteht, sondern vielmehr, dass es diese nicht als einen ihr fremden »Dialekt der Kommunikation« erkennen kann. Denn Sprache selbst sei »nur eine Mundart des Kommunizierens« und insofern »diejenige, in der nur wir Menschen uns untereinander verständigen, in der wir einander immerhin zu verstehen geben«, wir zumindest »versuchen, uns einander verständlich zu machen«[161]. Auch der vom »Afterjucken« gepeinigte Hund kann das ihm angetragene Mitleid nicht als solches erkennen. Es bleibt als ein dem Hund angetragener Versuch der Kontaktaufnahme »gegenstandlos«. Selbst der »tröstende Ton« bleibt ihm – in seinem Leid – äußerlich. Dies bleibe »ihm genauso verwehrt, wie etwas zu sagen. Also bleibt ihm nur zu jammern, und trotz seines unwiderstehlich flehenden Blicks kann er um nichts Bestimmtes bitten. Übersetzte man seine Blicke, die gewöhnlich ›haben!‹ meinen, so würden sie nur ›loswerden!‹ lauten«[162]. Die Unfähigkeit, sowohl etwas Empathisch-Sprachliches zu verstehen als auch selbst sprachlich etwas auszudrücken, erweitert sich um eine eingeschränkte Körpersprache bzw. Mimik. Zusammengenommen macht dies den Hund zu einem »in sein Leid Eingesperrten«, zu einer zu »robinsonhaftem Dasein« verurteilten Kreatur. »Was ihn quält, bleibt in ihm begraben«. Mit diesen Beobachtungen kommt Anders zu einem selten überschwänglichen Schluss für den Menschen. Er spricht von einem »Segen«, der dem Menschen durch die Sprache beschieden sei: »die Tatsache, dass wir, ein einziges Mal zum Leben zugelassen, ausgerechnet als Menschen in die Welt haben eintreten dürfen, also als Wesen, die die Göttergabe mitbekommen haben zu sagen, was sie leiden«, sei »unverdientes Glück«[163]. Doch auch mit der Sprache – wie später mit der Technik – verbindet den Menschen ein prometheisches Schicksal. Ihr »Segen« ist auch gleichzeitig ihr »Fluch«. Denn nur dasjenige kann er »denken, erkennen, wahrnehmen oder empfinden«, was sie ihm »vorgegeben hat«[164]. Der Mensch ist also wie der Hund und die Katze nur fähig, sich in seinen beschränkten sprachlichen Konditionen zu bewegen. Die Frage nach dem, was der Mensch ist und was Sprache ist, fällt bei Anders zusammen. Der Mensch ist nicht im sprichwörtlichen Sinne »das, was er isst«, sondern im wörtlichen Sinne das, was er spricht und schreibt.

Mit der Schrift entwickelte sich eine neue mediale Dimension des Menschen heraus. Hier war im antiken Griechenland Platon der erste, der die Herausforderung des Alphabets annahm und analog dazu einen neuen Menschentypus einforderte. Platon führte einen regelrechten Krieg gegen die Anführer der voralphabetischen Stammesgesellschaften. Die sogenannten »Poeten« waren die geistige Elite des noch nicht literalisierten Griechenlands. Sie ahnten die – für sie – verheerenden Effekte der Einführung des Alphabets und der Schrift. Wie die prähistorischen Gegner der primären Sprachentwicklung vor der Höhle sitzend sich sicherlich gewehrt haben müssen gegen die Versuche der Progressiven, die Struktur der Horde über die Entwicklung von Sprache zu verändern, so sahen sich die Poeten des oralen, barbarischen Griechenlands in der Defensive in Anbetracht der neuen Strukturen, die sich mit der Einführung des Alphabets entwickelten. »Platon war der erste philosophische Erzieher des neuen Griechenlands nach Auflösung der Stammesverbände. Er setzte klassifiziertes Wissen an die Stelle der oralen Stammeskultur. Klassifizieren ist eine hochgradig visuelle Form von Aktivität. Der Siegeszug des Alphabets [...] hatte also eine hochgradig visuelle Organisation der Lebenszusammenhänge zur Folge, die der oralen Organisation der Barbaren völlig unbekannt war«. Das meint McLuhan mit seinem berühmten Ausspruch »The medium is the message«. »Das Medium, zum Beispiel das Alphabet, erzeugt eine neue Welt, eine Ausweitung der Sinne und eine Umgestaltung der gesamten Wahrnehmung. Es erzeugt eine neue Konstellation von Verhaltensmustern, Repräsentationsformen und Strategien, die« – und das ist in der vorliegenden Erarbeitung einer zeitgemäßen, also postdigitalen Medienkritik von besonderem Interesse – »der eigenen Zeit nicht erklärbar sind«[165]. Der Wahnsinn der Digitalisierung kann uns – nach McLuhan – also erst einmal nicht plausibel werden.

Unser primäres Medium selbst – die Sprache – war im Übrigen noch nie exklusives Medium von Plausibilität. Die ersten

Sprachschöpfungen als Einigungen auf Bedeutung waren zweifellos begleitet von der Skepsis der Außenstehenden. Sie waren gleichzeitig Projektionsfläche für Anfeindungen aller Art. Die Sprachschöpfung der einen Gruppe wurde zum Lügenkonstrukt für die andere. Das Medium der Informationsweitergabe der einen war Medium der Desinformation für die anderen. Dabei spielte die Unschärfe der verbalen Artikulation selbst gleich zu Beginn der Sprachentwicklung eine zentrale Rolle. Sprache in ihren Kinderschuhen muss ein kläglicher Versuch der Kommunikation nach dem anderen gewesen sein. Und so wurde aus einem vielleicht nicht ganz ernst gemeinten Spiel eine Gewohnheit, dann eine Gepflogenheit, ein Brauch, ein Ritual bis hin zu einem Stil mit einer bestimmten Grammatik. »So ists mit den größten Dingen, sie waren elende Versuche, wurden Spiele, Handgriffe, Künste, regelmäßige Künste und spät genug eine Wissenschaft. So auch mit der Sprache: lies den großen Homer, den Inbegriff aller Sprache der Götter, und gehe auf den Ursprung dieser göttlichen Sprache zurück. Du wirst ihn in den Hüllen menschlicher Notdurft, in einer Wiege der Kindheit, in Windeln erblicken, deren du dich schämen müsstest.«[166] Herders Sprachkritik betont den improvisierten Anfang der Sprachkultur selbst. Er erkennt darin eine gewisse Beliebigkeit bei gleichzeitiger Allgemeingültigkeit. Die einstigen »Hüllen menschlicher Notdurft« wurden zu Formeln, nach denen gedacht wurde. Die Scham ist gewichen und übrig bleibt eine im Grunde völlig unzulängliche Sprache, die jedoch zum Fundament geworden war. Auch Nietzsche erkannte in der Sprachentwicklung etwas eigentlich völlig Unlogisches. Man verallgemeinerte mit Sprache permanent gänzlich Ungleiches. »Logisch geht es also jedenfalls nicht bei der Entstehung der Sprache zu, und das ganze Material, worin und womit später der Mensch der Wahrheit, der Forscher, der Philosoph arbeitet und baut, stammt, wenn nicht aus Wolkenkuckucksheim, so doch jedenfalls nicht aus dem Wesen der Dinge. [...] Jedes Wort wird sofort dadurch Begriff, daß es eben nicht für das einmalige ganz und gar individualisierte Urerlebnis, dem es sein Entstehen verdankt, etwa als Erinnerung dienen soll, sondern zugleich für zahllose, mehr oder weniger ähnliche, das heißt streng genommen niemals gleiche, also auf lauter ungleiche Fälle passen muß. Jeder Begriff entsteht durch Gleichsetzen des Nichtgleichen«. Die Desinformation ist bei Nietzsche der Sprache – also der Kommunikation der Menschen – inhärent. Sprache ist wie später bei Adorno nur noch ein hohles Wortgebirge, das aus der Vergangenheit in die Gegenwart ragt. »Was ist also Wahrheit? Ein bewegliches Heer von Metaphern, Metonymien, Anthropomorphismen, kurz eine Summe von menschlichen Relationen, die, poetisch und rhetorisch gesteigert, übertragen, geschmückt wurden und die nach langem Gebrauch einem Volke fest, kanonisch und verbindlich dünken: die Wahrheiten sind Illusionen, von denen man vergessen hat, daß sie welche sind, Metaphern, die abgenutzt und sinnlich kraftlos geworden sind, Münzen, die ihr Bild verloren haben und nun als Metall, nicht mehr als Münzen, in Betracht kommen.«[167] Unser primäres Medium besteht also aus der Unwahrheit, aus der Desinformation. Es generiert seine Daseinsberechtigung über die übersteigerte begriffliche Sinnzuschreibung, obwohl die Begriffe selbst als Medium von Sinn und Wahrheit nicht wirklich taugen. Sprache ist also eine Übertreibung. Und doch ist sie das Meer, in dem das diskursiv denkende Individuum vor sich hintreibt.

Bilder

Bilder sind da, wie Luft da ist. Man macht das Fenster auf und sie wehen hinein. Bilder sind da, wie Wasser da ist. Man dreht den Hahn auf und sie sprudeln heraus. So war das im Fernsehzeitalter auch schon. Die Inflation der Bilder ist nun zu einer Hyperinflation geworden. Sie haben absolut keinen Wert mehr und bedrängen uns. Sie lassen sich nicht mehr abdrehen und prasseln unentwegt auf uns ein. Die Fenster sind zerborsten, die Wasserhähne geplatzt. Und wir stehen hilflos da und bekommen die Lage nicht mehr in den Griff. Wir sind aber nicht nur machtlos in einem noch einigermaßen sicheren Raum. Irgendwie will der private Wohnraum zur Veranschaulichung der Lage nicht mehr hinreichen. Es sind andere, gewaltigere Dimensionen. Wir befinden uns schon lange nicht mehr an einem Ort. Und wir befinden uns noch viel weniger in einem demolierten, aber immer noch Schutz gewährleistenden Gebäude. Wir stehen nackt im Freien. Und wir sind einem weltumspannenden Wirbelsturm, einer gewaltigen interkontinentalen Springflut ausgeliefert. Wir werden dort visuell permanent irgendwo hingerissen. Bleiben für eine Millisekunde stehen, um gleich wieder gewaltsam in eine andere Richtung katapultiert zu werden. Wir wirbeln und stürzen von einem Ort zum anderen. Die dramatischen, überdimensionierten Naturkatastrophen als Metaphernfolien kommen der Sache zwar näher, werden ihr aber auch nicht mehr ganz gerecht. Sie suggerieren Erdanziehungskraft und Halt nach dem Ende der Flut. Ein Ende gibt es nicht. Es sind insofern noch gewaltigere, kosmische Größenordnungen, die auf uns wirken. Die Metaphorik muss in die Weiten des Weltalls gehoben werden, um zulänglich zu sein. Eine Bildersupernova nach der anderen explodiert tagtäglich in die Wahrnehmung eines jeden. Mit ihnen entstehen Kosmos auf Kosmos audiovisueller Unendlichkeit. Der weltumspannende Wirbelsturm, die interkontinentale Springflut haben uns ins All geschleudert und hier gleiten wir innerlich unberührt, tot, in gleichmäßiger Geschwindigkeit durch die optische Unermesslichkeit, die in unablässiger Vehemenz nicht nur auf uns, sondern in uns hineinstrahlt, durch uns hindurchstrahlt. Sie brennt dort unsere inneren Bilder weg. Der innere Vorgang der Imagination steht unvermeidlich zur Disposition.

Medienkritik des 21. Jahrhunderts richtet sich auf diesen Vorgang der visuellen De-Imagination und muss Schutz anbieten. Die Frage nach dem, was wir außen mit den Apparaten tun können, stellt sich schon lange nicht mehr. Die zeitgemäße Annäherung an die Thematik muss Möglichkeiten der Entbilderung der Außenwelt erschließen. Medienkritik dreht die Perspektive um. Was stellen die »entsetzliche Bilderflut ausspeienden Apparate«[168] mit uns, als lebendige visuelle Wesen, an? Die De-Imagination folgt einer simplen Logik: Je mehr

Bilder in der Wahrnehmung, desto weniger Imagination vor dem geistigen Auge. Denn wer seine Zeit damit verbringt, Bilder anzuschauen, der kann sich in genau der Zeit keine Bilder ausdenken. Der Mensch ist auf Momente der Bilderlosigkeit angewiesen, um visuelle Phantasie zu entwickeln. Es gibt aber keine Bilderlosigkeit mehr. Menschen müssen sich gewaltsam Momente der Bilderlosigkeit erkämpfen. Die neue Tragik des Menschen ist der verunglückte Entzug der Bilder.

Vilém Flusser erfasste mit seiner Theorie der Auslagerung von Imagination in die Apparate schon früh einen Trend, der sich heute verwirklicht. Bei ihm nimmt der vordigitale Mensch schon »den Standpunkt der Apparate ein«. Wir imaginieren Ende der 90er Jahre also bereits »apparatisch«[169]. Wir visualisieren demnach nicht nur apparatisch – mit dem Fotoapparat, der Kamera im Smartphone – bei der tatsächlichen praktischen Herstellung des Fotos. Wir imaginieren unsere Phantasiebilder wie durch ein Objektiv. Das bildhaft anschauliche Vorstellen eines Menschen aus der Frühzeit – er bezieht sich auf den Lascaux-Menschen – lässt sich insofern kaum mehr mit dem eines heutigen Menschen vergleichen. Zu jener Zeit wurden Bilder geschaffen, »wann immer jemand Abstand von einem Gegenstand nahm, um ihn zu betrachten und das Erblickte für andere zugänglich zu machen. Dieser Schritt zurück vom Objektiven ins Subjektive und die darauffolgende Wendung ins Intersubjektive bilden« bis heute »eine außerordentlich komplexe Geste«. Der Mensch in Lascaux hatte eine ganze Reihe schwieriger Aufgaben zu bewältigen, bevor er mit Bildern kommunizieren konnte. Er »erblickte seinen Gegenstand, etwa ein Pferd, von einem subjektiven Standpunkt aus. Das war eine flüchtige und private Ansicht, und sie musste festgehalten und veröffentlicht werden, um andere daran teilnehmen zu lassen. Um dies zu tun, verschlüsselte« er »das Erblickte in Symbole und übertrug diese Symbole mittels Erdfarben und Spatel auf eine Felswand«[170]. Nicht nur die Herstellung des Malwerkzeugs, die Gewinnung der Farbe und die Suche nach einer geeigneten Felswand tragen gerade aus heutiger Sicht zum Wert des Bildes aus der Frühzeit bei. Eine ganze Reihe anderer Aspekte machen das seltene Bild zu einem außerordentlichen Artefakt. Allen voran die Idee, überhaupt ein Bild aus der Imaginationskraft herzustellen. In einer bilderlosen Welt ein Bild herzustellen, ist allein aufgrund seiner Neuigkeit ein so erstaunliches Unterfangen. Sie ist wahrhaft ästhetisch, wesentlich, progressiv. Heute invertiert sich die Lage so weit, dass die Herstellung eines Bildes via Smartphone das Gegenteil bedeutet. Bilder sind nicht mehr wirklich ästhetisch, also empfundene und weitergegebene Wahrnehmung, sie sind auch nicht mehr wesentlich, sie verkörpern keine Idee, keinen individuellen Eindruck. Sie sind das reaktionäre und sinnentleerte Handeln unserer ikonomanischen Zeit. Bilder verweisen nur noch auf das Medium selbst. Sie sind ausschließliches und permanentes Zeugnis des funktionierenden Apparats. Nach McLuhan sind heute Bilder nur noch das Medium selbst. Die Botschaft des Bildes ist das Bild und sonst nichts. Bilder sind das neue Nichts. Sie sind aber auch irgendwie das Gegenteil von Nichts. Ohne Bebilderung sind die Ereignisse weniger da. Das unvergleichliche Lächeln in einem Moment, das nicht fotografiert wurde, war leider nicht wirklich, also medial, da. Über das Bildmedium manifestiert sich anschaulich die diffuse Lage. Real und virtuell lassen sich nicht nur nicht mehr auseinanderhalten, sondern verweisen auf ihr Gegenteil. Das Reale wird erst real durch seine virtuelle Aufarbeitung. Und das Virtuelle entwickelt erst aus den Realitätsausschnitten, die ihm zugefüttert werden, Virtualität. Als wollte der Anwender diesen Widerspruch kompensieren, macht er Bilder in unendlichen Mengen. Bilder von anderen und von sich. Dabei verwandelt er sich mit möglichst vielen Bildern von sich selbst in ein »reproduziertes Produkt« und erschafft sich so eine Art Serienexistenz. Eine Serie, von der er selbst als Modell sich auf einer ontologisch höheren Ebene wähnen kann. Mit seinen Bildkopien imitiert er also eine Art Ideenlehre der Produktewelt, um sich selbst nicht als niedrige Lebensform zu begegnen. Der Mensch will ein Fabrikat sein, das man im Supermarkt kaufen kann. Er macht sich – selbstoptimiert – zum attraktiven Produkt, das unablässig bildhaft beworben wird.

Alle Versuche, dem Massenprodukt ähnlich zu werden, müssen aber scheitern, da der Mensch kein Massenprodukt ist und sich selbst verleugnen muss, um in die Nähe der Produktexistenz zu kommen. Die Befriedigung durch den »ikonomanischen Hochbetrieb« bleibt eine »Ersatzbefriedigung«, denn es bleibt nur den Produkten vergönnt, »sich als wirklich identische Stücke über die Welt zu verstreuen«[171]. Gerade die über die Welt verstreuten Zeugnisse der übertriebenen Bildproduktion sind es, die der Mensch produziert und konsumiert. Die Bilder selbst bleiben referenzlos. Sie hängen ohne Bezug zu einer Idee, einer Geschichte in den Kanälen des WWW. So kommt es, dass die bebilderten Ereignisse selbst dem Einzelnen verwehrt bleiben. Er wird zum Konsumenten der Bilder am Apparat.

Musik

Musik ist das Medium, das »das wahre Wesen der Welt so tief und unmittelbar erkennen lässt, wie kein anderes«[172]. Keine Kunstgattung entwickelt eine so dynamische Intensität wie sie. Das lässt sich zurückführen auf eines ihrer Hauptcharakteristika: die Zeitlichkeit. Werke der Bildenden Kunst beispielsweise sind auf ihre Weise der Zeit gegenüber indifferent. Nicht so bei der Musik – Musik nimmt den Hörer aus der Welt bzw. aus der »Weltzeit« und zwingt ihn in ihre eigene »musikalische Zeit«. Günther Anders bezeichnet die Eigenzeitlichkeit der Musik als »Enklave im geschichtlichen Kontinuum des menschlichen Lebens«[173]. Am Beispiel der Kapellenmusik während des Schiffsunglücks der »Titanic« verdeutlicht er die Enklavenhaftigkeit der musikalischen Situation: »spielte beim Untergang der ›Titanic‹ die Kapelle, so verhinderte sie nicht nur den Einbruch der realen Lebenszeit, sondern deren Abbruch, und hielt ihn draußen; von jenem musikalischen Zeitleben aus [...] war die Aussicht auf den Tod versperrt«[174]. Das Ende des eigenen Lebens ist – selbst während des Schiffsuntergangs – in der Musik »vergessen«. Musik schafft dabei aber nicht nur ihre Eigenzeitlichkeit, sondern entwickelt darin auch so etwas wie Lebendigkeit. Sie »entreißt in der Zeit dem Leben sein eigentliches Medium und seine Bewegungskraft« und »lebt nun auf Kosten des in Zeit sich realisierenden Lebens ein spukhaftes Nebenleben«[175]. Charakteristisch für die Musik ist in diesem Zusammenhang ihre Unabbildbarkeit. Ihr entspricht kein greifbares Medium (wie die Leinwand), sondern sie ist selbst ihr Medium und dabei in außerordentlicher Weise ungegenständlich und prozesshaft.

Die Zeitlichkeit (von Musik) ist vielleicht das wichtigste Thema Hegels. »Die Zeit« ist bei ihm nichts weniger als »das Sein des Subjekts selber«[176]. Dieses ist in seiner Endlichkeit der Zeit untertan, »das Wahre dagegen, die Idee, der Geist, ist ewig«[177]. Musik als aus der absoluten Sphäre des Geistes stammend, steht dem Einzelnen zwar gegenüber, aber dringt auch auf geheimnisvolle Weise in ihn ein. Musik verdeutlicht, »dass unsere innere und äußere Welt in geheimnisvoller Weise aufeinander abgestimmt sind, dass wir nicht irgendwie in zufälliger Weise als empfindende und denkende Subjekte in die Welt des Objektiven hineingerieten und ihr zusammenhanglos gegenüber stehen«[178]. Dabei kommt für Hegel der Kunst die Rolle zu, die beiden Gegenüber zu »versöhnen«[179]. Demgemäß darf die Musik in »diesem Gegensatz [...] nicht stehen bleiben, sondern erhält die schwierige Aufgabe, ihn ebenso in sich aufzunehmen als zu überwinden, indem sie den freien Bewegungen des Gemütes, die sie ausdrückt [...] einen sicheren Grund und Boden gibt, auf dem sich dann aber das Innere [...] entwickelt«[180]. Musik bleibt so gesehen nicht objektiv, sondern entspricht der Innerlichkeit des Menschen, insofern als Musik das Medium ist, über das »subjektive Innerlichkeit« unmittelbar kommuniziert werden kann. Sie entspringt einer »Kunst des Gemüts, welche sich unmittelbar an das Gemüt selber wendet«[181]. Der Mensch wird zum Medium der Musik im gleichen Maße, wie die Musik Medium der »freien Bewegungen des Gemüts« wird.

Diese Bewegungen des Gemüts interessierten Anders besonders. Er erarbeitete eine Theorie, in der er sich intensiv mit dem – in vielerlei Hinsicht – eigenartigen Moment des Musikhörens auseinandersetzte. Ihm ging es hierbei explizit nicht um die Analyse der Musik selbst, sondern vielmehr um die genaue Betrachtung eines »medialen« Zustandes, den Musik erzeugt. Und diese Betrachtungen galt es vorbehaltlos zu deuten. Im Sinne Husserls – bei dem er studiert hatte – sollte jede originäre Anschauung ohne Vorerkenntnis, ohne Vorurteil hingenommen werden, da jedes Vorurteil seine »Wahrheit selbst wieder nur aus den originären Gegebenheiten schöpfen könnte«[182]. Musik war so zu rezipieren, wie sie war. Keine theoretische Vorkenntnis und kein geschultes Ohr waren dafür notwendig. Zu erkennen gab Musik von sich selbst aus eine Art Zwischenzustand, in dem der Hörer sich befindet und nicht Subjekt und auch nicht Objekt ist. Die Situation der Musik ist nicht Aktivität und nicht Passivität, sondern etwa eine Mischform subjektiver Objektivität, eine Art richtungsloser und gleichzeitig zuständlicher Bewegungssinn. Der Akt des Musikhörens komme der Charakteristik des Riechens dabei viel näher als der des Sehens.[183] Riechen wäre an sich kein eigentlicher, intentional gerichteter »Akt«, sondern vielmehr von außen – vom Geruch her – ein Akt stimmungsmäßigen »Zumute-seins«. Die Formulierung »es riecht nach« deute auf einen Zustand hin, indem man von dem Geruch viel eher »erfasst«[184] sei, als dass man aktiv riechen würde. In der Einheit von Akt und Stimmung kann nun Musik – ganz ähnlich wie der Geruch – den Menschen erfassen, ihn sogar überwältigen. In Anlehnung an Kants Ausführungen zur Einbildungskraft beschreibt Anders die Einheit von Akt und Stimmung als auf der einen Seite rezeptiv und auf der anderen Seite spontan bildend in einem. Der Mitvollzug ist insofern schaffend und hinnehmend. Der Hörer reproduziert demnach den musikalischen Gegenstand im Mitvollzug immer wieder von Neuem – man höre demnach, als sänge man. Dabei gilt, dass die jeweilige musikalische Situation bald eine eher aktive, bald eine eher passive sein kann.

Was bedeutet das nun konkret für das Hören verschiedener Arten von Musik? Das Hören bzw. das Lauschen auf impressionistische Musik ist laut Anders ein eher subjektives Ereignis, also weniger intentional. Sie ist bloßes »Mit-sein«.

Eine Bach'sche Fuge wiederum erzeugt Aktivität. Sie ist eher »mitmachend«. Anders ausgedrückt: Die Musik von Bach wird intentionaler mitvollzogen, während impressionistische Musik (Debussy) passiv (aber dennoch tätig) erlebt wird. In jedem Fall verwandelt Musik den Menschen. Doch wie sind diese Verwandlungen möglich? Bedingung der Möglichkeit der Verwandlung des Menschen in der musikalischen Situation ist seine grundsätzliche Veränderbarkeit bzw. Umstimmbarkeit. Der Mensch ist das »nicht festgestellte Tier«, das über Musik verändert werden kann. Es ist der synchrone Vollzug zweier Zustände in der Situation der Musik: Der Mensch ist zum einen »In-Musik« und zum anderen in einer Dimension seiner selbst. Auch hier steht ihre unmittelbare Vergänglichkeit als Hauptcharakteristikum im Mittelpunkt. Hegel spricht in diesem Zusammenhang vom musikalischen Material, das »haltlos ist und in seinem Entstehen und Dasein selbst schon wieder verschwindet«[185]. Der Ton synthetisiert sich gewissermaßen immer in einem besonderen Spannungsverhältnis zwischen Noch-nicht-da-Sein und wieder Verschwunden-Sein als momentan »in-Erscheinung-tretend«[186]. Das Hören ist insofern »Ertönenmachen«, als dass es seinen Gegenstand selbst erschafft. Es ist auf sonderbare Weise unintentional und doch gerichtet, passiv und doch aktiv. Anders spricht in diesem Zusammenhang von einem Akt, der »im Grunde identisch« ist »mit dem stummen Singen«[187]. Zentral hier: das Lauschen. Lauschen ist mehr als nur ein spezieller Hörakt. Es besitzt für sich genommen eine eigene Dramaturgie, die mit dem »Ahnen« beginnt. Hier ist der Mensch bereit, er ist aufgeschlossen für das zu Erlauschende. Der Einzelne öffnet sich, um in eine neue Sphäre überzutreten, aber er vernimmt im Moment de facto nichts, Stille. In dieser Stille – dem eigentlichen Medium des Lauschens – erahnt er etwas, das kommen mag und nicht von dieser Welt ist. Der Mensch »lauscht« in die Stille und gleichzeitig in eine hinter den Erscheinungen liegende, andere Welt hinüber. Diese ursprüngliche Fähigkeit des Menschen, so feinsinnig über das Akustische in eine andere Sphäre hinüberzutreten, verweist auf eine spirituelle Dimension der musikalischen Situation. Mit ihr attestiert Anders dem Menschen seine Möglichkeit zur (musikalischen) Transzendenzerfahrung. Die »spezifische Möglichkeit des Akustischen«[188] deutet weiterhin auf die spezifische Möglichkeit bzw. Freiheit des Menschen der Welt und sich selbst gegenüber hin. Mit dem »vorakustischen Sich-selbst-Lauschen«, der Lauschhaltung an sich also, wird auf eine Fähigkeit verwiesen, die den Menschen in seiner Sonderstellung charakterisiert. Andächtig und erwartungsvoll erheischt der Mensch dann die ersten Töne bspw. eines Klavierstücks von Debussy und lässt sich mitnehmen. So verwandelt sich das Lauschen selbst in seinem Fortschreiten vom passiven, erwartenden zum aktiven, produzierenden Moment.

Der fragile und dynamische Lauschmoment findet heute in einer Welt statt, die geflutet ist von klangkomprimierter Musik. In den permanenten Lärm der technisierten Welt reihen sich die unzähligen beiläufigen Musikerlebnisse unserer Zeit. Im Supermarkt, in der Fußgängerzone, am Bahnsteig, auf der Straße ist Musik »[...] schon zu so einem alltäglichen Phänomen geworden, dass wir in der Regel kaum mehr hören, was wir da hören. Sie ist, im Wortsinn, zu einem Hintergrundphänomen geworden, oft mit hohem technischen Aufwand installiert, in der Wirkung allerdings fast schon so etwas wie eine zweite Natur. Sie ist einfach da, fast niemand hört hin, es fiele aber auch niemandem ein, sich darüber zu beschweren.«[189] Die totale Inflation von Musik steht exemplarisch für die Inflation der Inhalte im Zeitalter der Totaldigitalisierung – seien diese journalistisch, künstlerisch oder politisch. Da im Grunde alle persönlichen Daten, jedes Ereignis digital gespeichert und ins Internet geladen wird, verlieren die hochgeladenen, frei zugänglichen Inhalte – allen voran die Musik – an Wert. Das ist eine einfache ökonomische Wahrheit. In diesem Zusammenhang degeneriert eine für das Lauschen und adäquate Hören essentielle, grundlegende Wertschätzung des zu rezipierenden Gegenstandes. Adornos Aufsatz »Über den Fetischcharakter in der Musik und die Regression des Hörens« behandelt zentral die Verwandlung der Musik in konsumierbare Waren. Der »gleichgültige, unmusikalische, antimusikalische Hörer« seiner umstrittenen Musiksoziologie ist der unreflektierte Konsument der schnöden Ware. Diese Konsumptionsweise wird über die der Digitalisierung inhärente Inflation der Musik selbst gefördert.[190] Denn der beständige freie Zugang zu gestauchter Qualität macht das »gleichgültige Hören« konstitutiv. Durch die permanente Beschallung wird zudem ein Rückzug in genuine Stille immer unmöglicher. Die wertschätzende, andächtig-antizipierende Haltung, die notwendige Voraussetzung für einen wirklichen Mitvollzug von Musik ist, wird über die berstenden Kanäle mit billigem Klang unmöglich. Bei Adorno wird der adäquate Musikhörmoment, in dem man »die Entfaltung des Erklingenden in ihrer Notwendigkeit mit den Ohren denken«[191] kann, erst in der Ruhe und der mit ihr einhergehenden Möglichkeit zur Konzentration auf den Gegenstand möglich. Sein »unnaiv-naiver Hörer«[192], der sich zunächst aller Voreingenommenheit entledigen muss, erreicht den Zustand der gewollten Naivität nur in der vorgelagerten »stillen« Auseinandersetzung. Der digital komprimierte Klangteppich, der uns gegenwärtig umgibt, zwingt uns ständig in Hörsituationen, die nicht intendiert sind.

Dass der minderwertige Klang selbst zu eingeschränkter Affiziertheit beim Hören führt, ist mittlerweile wissenschaftlich erwiesen.[193] Vor bereits zwei Jahrzehnten wurde das MP3-Format erfunden und seitdem werden die Menschen regelrecht auf die Inkaufnahme niedriger Klangqualitäten konditioniert. Komprimierte MP3-Musikdateien von ihrem Original überhaupt zu unterscheiden, ist – hat man nicht ein speziell darauf trainiertes Gehör – fast unmöglich. Die Frage stellt sich aber auch nur rhetorisch, da der Täuschungsfeldzug der komprimierten Daten sich nicht umsonst als so erfolgreich erweist. Doch wie geht diese Täuschung vor sich? »Um das Ursprungssignal klein zu rechnen, werden die Methoden der Psychoakustik benutzt, die sich mit den Wechselbeziehungen zwischen dem subjektiven Erleben und tatsächlich messbaren Ereignissen beschäftigt [...] mit dem Ziel, nur für den Menschen bewusst hörbare Audiosignale zu speichern«[194]. Zentral ist hier das Herausrechnen von Redundanzen. Alle Signale, die vom MP3-Algorithmus als redundant erkannt werden, werden dem Hörer als immer gleiches, sich wiederholendes Muster vermittelt. Deshalb – so könnte man die Praktik der Klangkompression definieren – kann man die bekannten Signale zusammenfassen und dann stereotyp und vereinfacht wiedergeben. Minimale, kaum wahrnehmbare Variationen in der Intonation und Dynamik werden automatisch herausgerechnet und somit nur sehr begrenzt weitergegeben. Wenn mehr Geräuschanteile dazu kommen, greift die Redundanz weniger. Man könnte also die Gleichung aufstellen: Je weniger redundant die Signale, desto weniger Kompression ist möglich. Das gilt aber nicht ganz, denn bei Signalen mit wenig Redundanz kommt ein anderer Effekt zum Tragen: das Weglassen von »Unwichtigem«. »Dies ist der zweite Effekt, den MP3 sich zunutze macht, um Daten einzusparen: die Irrelevanz. Das Innenohr wirkt hier wie ein Filter, welcher das reinkommende Schallereignis in verschiedene Frequenzen und somit in verschiedene Tonhöhen zerlegt. In der Gehörschnecke im Innenohr liegen mit etwa 15.000 Härchen besetzte Sinneszellen. Die hohen Töne werden von den Härchen am Eingang der Gehörschnecke aufgenommen, die tiefen von denen am Ende. Wenn das eintreffende Schallereignis einen hohen Geräuschanteil hat, sind alle Härchen gleichzeitig am Schwingen. Dann gehen leisere Ereignisse, welche gleichzeitig stattfinden, einfach unter, weil das Ohr schon völlig beschäftigt ist mit der Wahrnehmung der lauten Signale. Die Leisen werden irrelevant.«[195] Mit der oben beschriebenen Redundanzkompression geht die Dynamikkompression einher, »die keinen Unterschied mehr zwischen laut und leise kennt, sondern alles bloß nur noch laut macht. Letzterer Effekt ist nicht nur im Pop allgemein verbreitet und wird Loudness War, Lautheitskrieg genannt.«[196]

In einem Artikel in der Online-Ausgabe der »Welt«, der eine regelrechte Kampfansage an die MP3-Kultur darstellt, heißt es hierzu: »MP3 tötet die Details der Musik«; es ist die Rede von einer fatalen Irreversibilität der Lage und somit davon, »wie MP3 die Qualität der Musik zerstört hat«[197]. Die Autoren des Artikels betonen die »Stauchung« des digitalen Formats »auf ein Zehntel der ursprünglichen Größe«[198]. Im Moment des Musikhörens – in der Situation der Musik also – werden de facto Frequenzen entfernt, die das menschliche Ohr nur scheinbar nicht wahrnimmt. Entscheidend ist hier das Wort »scheinbar«. Denn die Vergröberung der Frequenzen ist zwar nicht bewusst hörbar, aber sicherlich spürbar. Das hängt damit zusammen, dass beim Hören »schlecht humanisierter Musik«[199] vor allem das limbische System besonders aktiv wird. Das Gehirn versucht automatisch »Lücken, die durch Störungen oder Komprimierung des Tonsignals entstehen, zu schließen«[200]. Auf Dauer strengt das an und führt zur Ermüdung. Vereinfacht ausgedrückt: Billiger Klang erzeugt billige Emotionen. Der mittlerweile über YouTube und diverse andere kostenpflichtige Streaminganbieter zum Standard gewordene billige Klang kann als die grundlegende Misere unseres Zeitalters angesehen werden. Warum? Weil von Geburt an jeder – auch der Säugling – mit reduzierten Klangformaten beschallt wird und die niedrige Qualität mit ihren Effekten in höchstem Maße unbewusst bleibt. Das geht so weit, dass die Fähigkeit zum Hören bei in MP3-Umwelten aufgewachsenen Jugendlichen und jungen Erwachsenen bereits so eingeschränkt ist, dass sie die minderwertige Klangqualität der besseren vorziehen.[201] Die Misere der Akustik geht heute jedoch nicht nur auf digitale Kompression zurück, sondern auch auf das Streaming und die Verwendung von Bluetooth-Boxen. Dem oben besprochenen »In-Musik-Sein« bei Anders' Mitvollzugsituationen und der getilgten Entfremdung bei Adornos adäquater Hörsituation muss in diesem Zusammenhang die Konstitutivität von Kompression, Streaming und Bluetooth vorgeschaltet werden. Der gesellschaftlichen Totalität zu entkommen, war bei Adorno überhaupt nur dem verständigen Intellektuellen, dem strukturellen Hörer über das adäquate Einordnen der musikalisch vermittelten Ideologien möglich. Die »Dissonanz« des Subjekt-Objekt-Verhältnisses, die Inkommensurabilität des Einzelnen mit der Gesellschaft, fand Ausdruck in der Zwölftonmusik. Dem gegenüber steht die trügerische Harmonie der flachen Kulturware, die über die Kanäle der Kulturindustrie unters Volk gestreut werden. Die minderwertige inhaltliche Qualität geht heute mit der minderwertigen Vermittlung via MP3-Format einher. Adornos »Regression des Hörens«[202] ist heute eine mehrfache. Bei ihm entstehen aufgrund der kommerzialisierten und in Massenproduktion hergestellten Musik schon »gewisse anthropologische Verschiebungen in der standardisierten Gesellschaft bis in die Struktur des musikalischen Hörens hinein«[203]. Diese Struktur des musikalischen Hörens leidet heute darüber hinaus unter der Stauchung der Datenmenge und unter der weiteren qualitativen Erosion des Klanges aufgrund von billigen Übertragungstechniken. Man kann ohne Weiteres der heutigen Gesellschaft eine totale Fetischisierung der von Adorno monierten Umstände unterstellen. Technik und Quantifizierungsriten sind in jeder Sphäre des Lebens im Digitalzeitalter – insbesondere mit der Verzifferung der Akustik – präsent und die Unterwerfung der Gesellschaft unter diese ist konkreter denn je. Die komprimierte, über Bluetooth gestreamte Supermarktmusik steht hier repräsentativ für die Seele des Menschen im Zeitalter der Digitalisierung. In diesem Zusammenhang bezeichnet der berühmte Filmkomponist Hans Zimmer die jungen Rezipienten der reduzierten Klanghappen als die »McDonald's generation of music consumers«[204].

Kapitel 8

Gesellschaft

Digitale Öffentlichkeit

Das griechische Medium – μέσον (*méson)* – bedeutet nicht nur »das Mittlere«, sondern auch »Öffentlichkeit«. Hannah Arendt erkennt in den 1960er Jahren im komplexen Begriff »Öffentlichkeit« zwei eng miteinander verbundene Phänomene: Öffentlichkeit bedeutet bei ihr einerseits, »dass alles, was vor der Allgemeinheit erscheint, für jedermann sichtbar und hörbar ist«. Andererseits bezeichnet der Begriff »die Welt selbst, insofern sie das uns Gemeinsame ist und sich als solches von dem unterscheidet, was uns privat zu eigen ist«[205]. Beide Öffentlichkeitsverständnisse nach Arendt – »das Erscheinen vor der Allgemeinheit« und das »Gemeinsame« – unterliegen seit dem Aufkommen der digitalen Medien einem grundlegenden Bedeutungswandel. Was vor dreißig Jahren noch »allgemein sichtbar« und »gemeinsam« war, konnte schnell mit dem Agenda-Setting der Tageszeitungen oder Nachrichtensendungen in Einklang gebracht werden. Nachrichten wurden von den Massenmedien verbreitet und tatsächlich von allen gehört und zumindest von den meisten für wichtig erachtet. Relevant war, was auf der Titelseite der Tageszeitung stand. Gemäß einem bestimmten gesellschaftsbildenden Prinzip des Massenjournalismus konnte man folgende Regel festhalten: Die ausgewählten Inhalte sollten die Individuen »im Interesse an einer ihnen gemeinsamen Welt versammeln«[206].

Was bei Arendt noch die »allgemeine Sichtbarkeit« und das »Gemeinsame« war, kann heute im Sinne einer Gesamtgesellschaft nicht mehr mit dem existierenden Mediensetting in Einklang gebracht werden. Der Begriff der Gesellschaft selbst steht heute semantisch auf wackligen Füßen. Die Begriffe der Gesellschaft und der Öffentlichkeit werden von der digitalen Entwicklung so weit untergraben, dass man sie schlichtweg nicht mehr anwenden kann. Was ist heute allgemein sichtbar? Was ist gemeinsames Interesse? Was ist also »die« Gesellschaft? Die über die digitalen Medien bis in die kleinsten Teile der Gesellschaft sich fortsetzende Fragmentarisierung konvergiert mit der intensiven Vernetzung Einzelner zu immer neuen zeitlich und geographisch unabhängigen Gemeinschaften. Die heutige Gesellschaft ist so gesehen lediglich ein Konglomerat verschiedener kleiner Gemeinschaften, die, via die weltweit verlegten Glasfaserkabel kommunizierend, asymmetrisch koexistieren. Asymmetrisch bedeutet hier, dass sich die Idee einer konsistenten Gesellschaftsformation – wie sie zur Zeit Arendts noch existierte (bestehend aus geographisch und zeitlich zusammenlebenden politisch aktiven Menschen, wie wir sie etwa im Kontext der griechischen Antike idealisieren) – nicht mehr mit der digitalen Strukturierungsmacht synchronisieren lässt. Der Einzelne kann über das Internet Teilnehmer an verschiedenen Gruppen sein, denen er aber nur bedingt zuzuordnen wäre. Folglich geht mit der Digitalisierung der Gesellschaft auch eine Mentalität der Unverbindlichkeit einher. Gerade die im späteren Abschnitt zu thematisierende Memifizierung und die Remixkultur geben darüber Aufschluss. Es zeichnet sich die folgende Tendenz ab: Nicht mehr die tatsächlichen Inhalte sind entscheidend, sondern die Kontextualisierungen und die vorübergehende Salienz. Während Habermas in seiner Habilitationsschrift zum Strukturwandel der Öffentlichkeit den Zerfall der literarischen Öffentlichkeit bereits mit dem Aufkommen der Kulturindustrie verwirklicht sah, erkannte er noch in der sozialstaatlich verfassten Industriegesellschaft den familiären Freizeitbereich als etwas Privates und die Arbeitswelt als Zwischensphäre aus Privatem und Öffentlichem.[207] Die heutige audiovisuell vernetzte Gesellschaft kann in der Tat nur noch sehr bedingt als literarische beschrieben werden. Selbst die Kurznachricht wird zunehmend über die Funktion der Spracherkennung »entliterarisiert«. Was mit dem Fernsehen im

Wohnzimmer begann, setzt sich heute mit den Smartphones in den Hosentaschen bis in die privatesten Momente des Lebens fort. Jeder trägt seine kleine flimmernde Maschine mit sich herum und ist Sender und Rezipient verschiedenster Inhalte, die nicht von einer Redaktion zusammengestellt werden, sondern die jeder für sich erzeugt und verbreitet. Der familiäre Freizeitbereich, wie ihn Habermas noch als privat erkannte, steht heute nicht mehr so ohne Weiteres als privat da. Sobald ein Gerät mit zahlreichen Bildern und Videos, den Such- und Timerfunktionen samt den innerfamiliären Chats und Social Media beladen wurde, kann von Privatheit nicht mehr gesprochen werden.

Die Digitalisierung weicht genau hier eine Grenze auf, die bis vor einigen Jahren noch klar zu ziehen war. Der Theorie der »losen Gesellschaft«[208] von Tönnies steht heute die Idee des Nachbarn der Milliarden gegenüber. Habermas datiert den ersten großen Strukturwandel der Gesellschaft auf den Übergang vom spätmittelalterlichen Feudalismus zur frühen Neuzeit. Nicht mehr die wenigen privilegierten Adeligen schließen sich zu einer räumlich und zeitlich begrenzten Gesellschaft zusammen, sondern die vielen aus den feudalen Strukturen sich emanzipierenden Privatleute.[209] Die über die Druckerpresse sich entwickelnde Publizistik der wenigen Agenda-Setter und Gatekeeper bediente eine sich neu zusammenfindende Gesellschaft der aufgeklärten Individuen. Der heutige Strukturwandel ist nicht weniger umfassend. Zur heute hochentwickelten und sich weiter ausdifferenzierenden journalistischen Publizistik gesellt sich die digitale und bedient eine sich immer weiter fragmentarisierende, aber asymmetrisch vernetzende Gesellschaft. In ihr bestimmt eine höchst diverse Veröffentlichungskultur das mediale Tagesgeschehen. Mittlerweile können unzählige Beispiele für die strukturelle Veränderung der heutigen Veröffentlichungskultur gefunden werden, die zeigen, dass die Forderung nach Aktualität, insbesondere eines Print-Journalismus, im Grunde obsolet geworden ist. Als 2009 eine Maschine der US Airways in New York auf dem Hudson River spektakulär notlandet, sind es nicht die New York Times oder

FoxNews, die vom Ereignis als Erste berichten, sondern der zufällig in der Nähe spazieren gehende Janis Krums, der die Sensation aus purer Lust am Ereignis in die Welt »twittert«[210]. Erst später integrieren die großen Medienhäuser den Vorfall in ihr Nachrichtensetting und nutzen die Bilder von Krums.

Während hier die Unmittelbarkeit der Veröffentlichung den denkbar positivsten Inhalt (eine geglückte Notlandung ohne Verletzte) mit sich führt, so ist dies leider nicht immer der Fall. Die Qualität der Unmittelbarkeit digitaler Medien wird gerade erst im Kontext der Verbreitung von Bildern verschiedener sich weltweit ereignender Gewaltexzesse immer wieder neu diskutiert. Ob positives oder negatives Ereignis, die von beliebigen Anwendern fotografierten Vorfälle besiedeln das Netz und werden über die sich exponentiell verstärkenden Algorithmen in der netzeigenen Agenda prominent distribuiert. Die hochgeladenen Inhalte durchlaufen eine neuartige Form des algorithmisierten Gatekeepings und Agenda-Settings. Das sich selbst verstärkende Element dieses Prinzips kann in beide Richtungen wirken. Während potentielle Sensationen – wie die Notlandung auf dem Hudson River oder eine Frau, die ihren von der Polizei angeschossenen Freund filmt[211] – über die selbstverstärkende Eigendynamik der Algorithmen wie Strohfeuer in die Netzwelt gestreut werden, gehen Beiträge mit wenig bis gar keinem Sensationspotential im Informationskontinuum sang- und klanglos unter und werden in keiner Agenda auftauchen. Die schiere Quantität spricht auch hier wieder eine eigene Sprache: Täglich werden über Soziale Medien, Messengerdienste und Blogs Milliarden von Mitteilungen veröffentlicht. Dieses Informationsgewitter sorgt zum einen für eine permanent nachprüfbare, sich stets erneuernde, unendliche Menge an Informationen und – das ist die Kehrseite des Exzesses – ihre gleichzeitige Hyperinflation.

Corona und Agenda-Setting

Spätestens seit der Corona-Krise generieren sogenannte Leitmedien irgendwie doch wieder eine zusammenhängende Öffentlichkeit (nach Arendt). Und die einzelnen Nachrichten geben der Gesellschaft Orientierung. Kurios in diesem Zusammenhang ist die Monothematik Covid-19 in der Berichterstattung der Medien seit Anfang 2020. Menge und Umfang der Berichte erreichte ein zuvor nicht gekanntes Ausmaß. Auch die inhaltliche Brisanz der Berichte ist bis dato einmalig. Selten zuvor hatten Informationen eine solche unmittelbare Wirkung. Wie in Kriegszeiten entnahmen die Menschen aus den Nachrichten plötzlich direkte Verhaltensregeln, die sie in ihrem konkreten Lebensalltag umsetzten. Das gab es in dieser Menge und Intensität noch nie. Dass eine Gesellschaft ihr Verhalten so abrupt ändern kann, ist der umfassenden Macht der Medien zu verdanken – eine Macht, die mit der Erfindung des Internets und der oben beschriebenen Fragmentarisierung der Gesellschaft ins Wanken geraten ist. Medien sind seit Covid-19 wieder so etwas wie der Kitt, der die Gesellschaft zusammenhält, sie sind wieder thematischer Horizont und Welterklärung. Die wichtigsten öffentlich-gesellschaftlichen Dinge kennen wir in der Tat aus den Medien, ohne sie wirklich zu »kennen«. Wenige, die die Kanzlerin je persönlich getroffen hätten. Kaum einer, der den Wetterbericht im Detail verstünde. Medien zeigen und erklären uns die Welt. Denn, so Niklas Luhmann, »was wir über unsere Gesellschaft wissen, ja über die Welt, in der wir leben, wissen wir durch Massenmedien. Das gilt nicht nur für unsere Kenntnis der Gesellschaft und der Geschichte, sondern auch für unsere Kenntnis der Natur. Was wir über die Stratosphäre wissen, gleicht dem, was Platon über Atlantis weiß: Man hat davon gehört. Oder wie Horatio es ausdrückt: So I have heard, and do in part believe it. Andererseits wissen wir so viel über die Massenmedien, dass wir diesen Quellen nicht trauen können. Wir wehren uns mit einem Manipulationsverdacht, der aber nicht zu nennenswerten Konsequenzen führt, da das den Massenmedien entnommene

Wissen sich wie von selbst zu einem selbstverstärkenden Gefüge zusammenschließt«[212].

Der Manipulationsverdacht, der nicht zu nennenswerten Konsequenzen führt, ist in Zeiten von Fake-News, Covid-19 und einer permanenten Pluralität von Expertenmeinungen allgegenwärtig. Die Menschen fühlen sich manipuliert und doch informiert. Sie oszillieren in diesem Spannungsfeld. Gerade im Angesicht der Infektion mit dem unbekannten Virus verschwimmen die Gegensätze zu einem Gefühl der informierten Manipuliertheit. »So I have heard, and do in part believe it« ist wie ein Leitmotiv das uns beim Konsum der Berichterstattungen der Medien begleitet. Die Medien selbst stellen den Einzelnen wie die Gesellschaft vor ein festliegendes System. Der Mensch wird in ein sogenanntes Mediensetting hineingeboren, aus dem er nie gänzlich entkommen kann. Sicherlich kann man ihm vordergründig entsagen, aber in sekundärer und tertiärer Wirkung bleibt er ihm verhaftet (ohne es vielleicht auch nur zu ahnen). In diesem Zusammenhang drängt sich ein einst prominent diskutiertes Theorem der klassischen Medienwirkungsforschung auf: das Agenda-Setting. Die Agenda-Setting-Hypothese besagt, dass das Verhältnis zwischen dem Auftreten eines Themas in den Medien und der Bedeutung, die die Rezipienten diesem Thema beimessen, eng ist. Der Rezipient akzeptiert die »zweifache Brechung der Realität, indem er zunächst die Selektion durch das Medium und anschließend auch die in der Berichterstattung enthaltene Gewichtung der Medien auf seine eigene Relevanzzuweisung überträgt«[213]. Drei Modelle verschiedener Intensitätsgrade beinhaltet die Hypothese: 1. Beim Priorities-Modell übernimmt der Rezipient die Medienagenda einfach. Es ist das Modell, das die intensivste Wirkung impliziert. 2. Das Salience-Modell nimmt eine Abschwächung des Priorities-Modells vor. Hier übernimmt der Rezipient nicht blind die gesamte Hierarchie der Themen aus den Medien, sondern betrachtet sie ihrer medialen Gewichtung entsprechend als kommunikationswürdig. Einzelne »saliente« Themen werden in die Agenda des Rezipienten übernommen, während andere vernachlässigt werden. 3. Das Awareness-

Modell beschreibt die Thematisierungsfunktion der Medien selbst. Lediglich die Setzung des jeweiligen Themas in den Wahrnehmungsradius des Rezipienten wird hier beschrieben, die Relevanzzuweisung bleibt außer Acht. Obwohl hier erst einmal von einem schwachen Medienwirkungsgrad ausgegangen werden kann, so beschreibt das Awareness-Modell den informationellen Horizont (nach Luhmann), also den thematischen Rahmen, über den die Menschen überhaupt nachdenken. Im Mittelpunkt steht hier das »what to think about« und nicht das »what to think«. Bernard Cohen erläutert diesen Umstand folgendermaßen: »The press [...] may not be successful much of the time in telling people what to think, but it is stunningly successful in telling its readers what to think about«[214]. Das Awareness Modell beruht also auf dem Gedanken, dass Massenmedien nicht so sehr beeinflussen, was, sondern worüber wir nachdenken. Die schiere Menge der Berichterstattungen zur Corona-Thematik bestätigt anschaulich wie selten die Agenda-Setting-Theorie von Cohen. »The press is« more than ever »stunningly successful in telling its users what to think about«. Die gesamte Weltbevölkerung denkt derzeit über das Corona-Virus nach. Sowohl das Priming- wie auch das Awareness-Modell kommen im vollen Umfang und darüber hinaus zum Tragen. Die monothematische Berichterstattung der Medien entspricht bei vielen Menschen der Monothematik in der Gedankenwelt und im Gespräch. Sicherlich geht sie zumindest teilweise auf die offenkundige Wichtigkeit der überbrachten Nachricht zurück. Gesundheit ist der Wert, der bei den meisten Menschen auf Platz eins steht. Dennoch spielt die schiere Exorbitanz der Berichterstattungen zum Thema die entscheidende Rolle.

Analog dazu funktioniert die Aufmerksamkeit der Menschen nach einer bestimmten Ökonomie. Ihr Fassungsvermögen ist begrenzt. Speziell das Awareness-Modell ist also gleichzeitig Modell der Medienwirkung und Aufmerksamkeitsökonomie. Die Menschen haben begrenzte Kapazitäten und können nach der Aufnahme aller Corona-Meldungen nicht mehr viele andere Sendungen verarbeiten. Hier kippt das Awareness-Modell in einen neuen Zustand. Die Menschen müssen mittlerweile aufpassen, dass sie nicht thematisch vollständig vereinnahmt werden, um noch klar denken zu können. Das zoon politikon in Zeiten der Corona-Krise ist ein thematisch reduziertes Wesen. Die Monothematik entfaltet ihre Schlagkraft über alle möglichen Variablen der Medienwirkung: Lead Story, Umfang und Aufmachung der Berichterstattung, die Kontextualisierung des Themas, der emotionale Gehalt. Covid-19 ist nicht nur über Monate hinweg die Lead Story im Agenda-Setting aller großen bis kleinen Medienhäuser, sie füllt ganze Titelseiten. Die Gesamtzahl der Artikel zur Coronakrise stellt ein neues Superlativ dar. Auch der jeweilige Umfang der Berichterstattung sucht seinesgleichen. Darüber hinaus muss die emotionale Aufgeladenheit der Thematik nicht erst rhetorisch oder bildmächtig erzeugt werden. Sie ist – da sie aller Menschen Gesundheit betrifft – einfach da. Keine Rahmung der Berichte ist von Nöten. Ein älteres, aber anschauliches Ereignis, an dem sich die eigentliche Komplexität von Agenda-Setting im Digitalzeitalter veranschaulichen lässt, stellt der Hype um den ehemaligen Verteidigungsminister zu Guttenberg dar. Die Berichterstattung in tonangebenden deutschen Medien über die Plagiate in der Doktorarbeit zu Guttenbergs nahm im Jahr 2011 Dimensionen an, die einen Rücktritt unausweichlich machten. Das Volumen der Berichte überstieg bei weitem den Umfang aller sachpolitischen Debatten. Verglichen mit Kanzlerin Merkel etwa wurde zu Guttenberg das Dreifache an Medien-Aufmerksamkeit zuteil. Gleichzeitig ist das Zu-Guttenberg-Phänomen aber auch ein Beispiel für die Aufschaukelung und komplexe Dynamik, die durch das Zusammenwirken von Social Web und klassischem Agenda-Setting entstehen können. Denn die Story wurde zunächst in den Social Networks salient. Guttenplag Wiki und der offene Brief der ca. dreißigtausend Doktoranden an Merkel hätten aber nicht die öffentliche Aufmerksamkeit erzielt, wenn die klassischen Medien diese beiden online-basierten Bewegungen nicht aufgesogen, kanalisiert und sie dadurch nach und nach auf der Publikumsagenda nach oben getrieben hätten. Die im ersten Schritt online-basierten Bewegungen wurden also erst im zweiten Schritt ins Themen-Setting der tonangebenden Medien aufgenommen und im dritten Schritt ein dynamisch-transaktionales Aufschaukelungsereignis, in dem wechselseitig Social Networks und Mainstream-Medien das Agenda-Setting auf ein Höchstmaß steigerten.

Das Beispiel zu Guttenberg zeigt: Erst das Agenda-Setting der großen Medienhäuser führt zur intensivsten Medienwirkung. Auch in der Corona-Krise schaukeln sich die Themensetzungen der großen Medien im Wechsel mit den privaten Auseinandersetzungen via Whatsapp und Facebookeinträgen auf ein Höchstmaß an Viralität. Die eigentliche Salienz macht jedoch die emotionale Aufgeladenheit des Themas aus. Die Summe der Medienwirkung und emotionalen Anknüpfungspunkte beim Rezipienten macht das Thema so übermächtig. Bei so viel Corona bleiben zwangsläufig einige Themen auf der Strecke. In Zeiten der Monothematik drängt sich für den ein oder anderen die Frage nach den vernachlässigten Themen regelrecht auf. Unerlässlich in diesem Zusammenhang ist die Umkehrfunktion der hier besprochenen Hypothese. Während Agenda-Setting sich auf das Übernehmen von Themensetzungen aus den Medien in eine persönliche Themenstruktur bezieht, verfolgt der Umkehrschluss die damit verbundene Ignoranz gegenüber Themen außerhalb der übernommenen Agenda. Das Non-Agenda-Setting spielt vor allem in Spitzenzeiten politischer Kommunikation (z.B. Wahlkampf) eine besonders wichtige Rolle. Sprich: Wenn von einem neuen Virusinfekt, einem großen Sportereignis oder einem Eisbären berichtet wird, bedeutet das im Umkehrschluss, das andere Themen aus dem Sendesortiment fallen oder bestenfalls hintenanstehen. Themen wurden schon immer aus platzökonomischen Gründen vernachlässigt. Es ist schlicht so, dass man das gesamte Weltgeschehen nicht in einem bestimmten Medium wiedergeben kann. Das wollte auch niemand. Gleichzeitig unterschied sich schon immer die Attribuierung von Wichtigkeit von Mensch zu Mensch. Wer interessiert an der Reduktion von Umweltverschmutzung ist, könnte sich derzeit fragen, was mit dem verstrahlten Kühlwasser der Reaktoren in Fukushima passiert. Wer für soziale

Gerechtigkeit brennt, könnte aktuell Zahlen zu Flüchtlingen im Mittelmeerraum vermissen. Der historisch und geopolitisch affine Rezipient fragt sich vielleicht immer noch, warum am elften September 2001 ein weiteres Gebäude neben den beiden World-Trade-Center-Türmen gesprengt wurde. Ohne in das Fahrwasser von Verschwörungstheoretikern zu geraten, muss die Themenauswahl und Themengewichtung aller Medien immer kritisch hinterfragt werden. Es gibt einen Teilbereich heutiger Medienkritik, der ein politisch forciertes Agenda-Setting *und* Non-Agenda-Setting ins Visier nehmen muss. Das heutige Non-Agenda-Setting fängt bei Google an und führt bis zum klassischen Gatekeeping der großen Medienhäuser. Falls etwas nicht bei Google erscheint und nicht ins Themensetting der Mainstream-Medien genommen wurde, verschwimmt die Forderung nach Wahrheit mit den Eigengesetzen des Agenda-Settings der Medien zu einem undurchsichtigen Gebräu. Gerade hier entwickelt sich der perfekte Nährboden für die sogenannten Fake-News.

Desinformation

Die amüsanteste Form der Desinformation findet sich im BBC-Archiv unter dem Namen »Spaghetti Tree«. Der audiovisuelle Aprilscherz des Senders aus dem Jahr 1957 zeigt die Spaghetti-Ernte im Tessin. Pittoreske Landschaften und blühende Bäume; fröhliche Bauernmägde legen dünne Nudeln behutsam zur Trocknung in die alpine Sonne. Der Bericht selbst – sauber geschnitten, seriös kommentiert – ist bis heute nicht nur realsatirisches Lehrstück. Die Wohlfühlrhetorik des Sprechers und die süffisante Bildsprache machen die kurze Sendung gleichzeitig zu einem Geniestreich des dokumentarfilmischen Nonsens. In Bezug auf die heute so virulent diskutierte Thematik der medialen Desinformation ist sie zudem gleich auf mehreren Ebenen aufschlussreich: Zum einen gelingt das Spiel mit der Wahrheit, weil alle Techniken stimmen. Qualität der Bilder, Schnitttechnik, Kameraführung und Schauspieler generieren einen so hohen Grad an Professionalität, dass sie zunächst keinen Zweifel an der Echtheit des Inhalts aufkommen lassen. Die Rahmung des Themas stimmt. Es geht zu Beginn um die guten Erntebedingungen aufgrund des milden Winters. Mit der Einführung, bestehend aus einer Aneinanderreihung von Klischees und Trivialitäten, gewinnt der Bericht seine biedere emotionale Färbung. Schwelgerische italoromantische Klänge untermalen die idyllische Szenerie. Selbst die Details fehlen nicht: Die Spaghettiernte ist auch wegen des Verschwindens des Spaghettirüsselkäfers so ertragreich.

Alles in allem macht das über sechzig Jahre alte Dokument besten britischen Humors klar, wie nah man mit medientechnischer Professionalität die blanke Lüge an die Realität heranrücken kann. Die Untergrabung der gewohnten Sinnzusammenhänge erfolgt so unmerklich über die mustergültige Form der Darstellung, dass es neben der Belustigung auch zu denken gibt. Acht Millionen Zuschauer sehen den Bericht und Hunderte von ihnen rufen anschließend bei der BBC an, um zu fragen, ob Spaghetti wirklich auf Bäumen wüchsen, einige von ihnen wollen sogar wissen, wie sie diese selbst anbauen können. Auch die Effekte des Berichts sind harmlos und doch denkwürdig. Wie gefährlich hingegen Desinformation sein kann, zeigt ein anderer – erst kürzlich erschienener – Bericht der BBC. Hier fordert der Sender seine Rezipienten dazu auf, keine 5G-Masten mehr anzuzünden. Manche brannten nämlich aufgrund ihrer Überzeugung, dass diese die Verbreitung des Coronavirus begünstigten, einige der Masten nieder. Noch gefährlicher: die im Netz kursierende Empfehlung, Desinfektionsmittel zu gurgeln.

Ob humorvoll oder schädigend – Desinformation beruht immer auf dem Spiel mit medientechnischer Professionalität. Mit ihr gelingen erst die passgenauen Kontextualisierungen und die gezielte emotionale Aufladung. Die Möglichkeit der absichtlichen Verbreitung der Unwahrheit – also der Lüge – ist ein Nebenprodukt jeder Medienneuerung. Mit der Sprache wird lügen überhaupt erst möglich. Mit der Schrift wird sie speicher- und übermittelbar. Mit dem Buchdruck, dem Radio und dem Fernsehen wird sie massenhaft verteilbar. Und mit dem Internet wird sie zur allgegenwärtigen Dimension. Mediale Irreführung wird also nicht erst seit Corona und nicht nur bei Verschwörungstheoretikern hinter so mancher Sendung vermutet. Mit der Landung des schwedischen Königs Gustav Adolf auf der norddeutschen Insel Usedom am 6. Juli 1630 intensivieren sich die Bemühungen des protestantischen Publikationswesens, illustrierte Flugblätter herauszubringen. Auf diesen wird der schwedische König unter anderem »als militärisch-potenter Feldherr, als antike oder alttestamentarische Heldengestalt, als ›Löwe aus Mitternacht‹ oder gar als Arzt inszeniert«[215]. Sie geben Hoffnung und mobilisieren die Energien der einfachen Bevölkerung. Vergeblich. Der Fall Magdeburgs geht als dunkelstes Kapitel des Dreißigjährigen Krieges in die Geschichte ein. Der Informationskrieg endet mit ihm jedoch nicht. Stellen die Protestanten das Gewaltsame der Eroberung Magdeburgs durch die katholischen Truppen des Jean t'Serclaes de Tilly heraus – sie betiteln die Eroberung der Stadt als Vergewaltigung, als Brechen des Widerstandes der Stadt, die ihre Jungfräulichkeit verteidigt habe –, inszenieren katholische Publikationen die rechtliche Dimension, nämlich dass der Kaiser als Reichsoberhaupt auch der rechtmäßige Herr der Stadt sei. Desinformation kursierte also schon damals als Propaganda zweier Kriegsteilnehmer und tut das bis heute. Als historischer Höhepunkt der groß angelegten Desinformation gilt sicherlich die Propagandakultur Goebbels' im Nationalsozialismus. Die totale Beherrschung der Masse über die Medien ist seine Erfindung. Sein Desinformationsfeldzug ereignete sich im Setting der Einbahnstraßenmedien seiner Zeit. Die zentralisierten und gleichgeschalteten Distributionskanäle, bestehend aus Fernsehen, Radio und Print, waren wie geschaffen für die totale Vereinnahmung eines Volkes und den totalen Krieg.

Es heißt, wir lebten in einer Zeit größter Medienskepsis. Warum eigentlich? Zum einen sicherlich aufgrund der unzähligen Möglichkeiten der Desinformationsverbreitung über das Netz. Gerüchte lassen sich hier viel leichter und schneller streuen als früher. Das Gerücht selbst ist jedoch ebenso wenig Phänomen des Internetzeitalters wie die Lüge. Es ist so alt wie die Sprache selbst und wurde von den Philosophen der Antike höchst anschaulich beschrieben. Erstaunlich die zwei Jahrtausende alten und doch passgenauen Metaphern von Ovid, die im Klima der gerüchtegeschwängerten Sozialen Medien ihre Entsprechung finden. Er beschreibt das Haus der Göttin des Ruhmes, wie wir heute das Internet beschreiben könnten. »Tausend Zugänge gab es in dem Haus und unzählige Luken, keine der Schwellen schloß sie mit Türen; bei Nacht und bei Tage steht es offen, ist ganz aus klingendem Erz, und das Ganze tönt, gibt wieder die Stimmen und, was es hört, wiederholt es. Nirgends ist Ruhe darin und nirgends Schweigen im Hause. Aber es ist kein Geschrei, nur leiser Stimmen Gemurmel, wie von den Wogen des Meeres, wenn einer sie hört aus der Ferne, oder so wie der Ton, den das letzte Grollen des Donners gibt, wenn Jupiter schwarzes Gewölk hat lassen erdröhnen. Scharen erfüllen die Halle; da kommen und gehen, ein leichtes Volk, und schwirren und schweifen, mit Wahrem vermengt, des Gerüchtes tausend Erfindungen und verbreiten ihr wirres Gerede. Manche von ihnen erfüllen mit Schwatzen müßige Ohren, Andere tragen dem Nächsten es weiter, das Maß der Erdichtung wächst, und etwas fügt ein Jeder hinzu dem Gehörten. Töricht Vertrauen ist da, da ist voreiliger Wahn, ist eitle Freude, da sind die sinnverwirrenden Ängste, plötzlicher Aufruhr und Gezischel aus fraglichem Ursprung«[216]. Die Sozialen Medien als gewaltige digitale Gerüchteküche. In ihnen kursieren Desinformationen aller Art, ganz wie im Haus der Fama bei Ovid. In ihnen wächst das Maß der Erdichtung an und flaut wieder ab, jeder kann etwas hinzufügen, jeder hört und sieht dort das Halbwahre mit Falschem vermengt, wenn auch nur aus der Ferne, wie Gemurmel. Verblüffend ist Ovids Beschreibung der emotionalen Effekte. Manche schenken Glauben, manche bekommen es mit der Angst, geraten in Wahn, andere freuen sich. Der plötzliche Aufruhr und das Gezischel aus fraglichem Ursprung treffen das Klima, das massenhafte Befinden in der Anwendercommunity so treffend, dass man sich fast die

Frage stellt, wie Ovid eine so prognostische Poetik formulieren konnte.

Gerade das Fehlen des Ursprungs einer Desinformation ist dem Internet – so wie wir es kennen – inhärent. Laniers Ausführungen zum One-Way-Link geben darüber Aufschluss. Die unendlich vielen fragwürdigen Pseudofakten und Mytheninformationen besiedeln das Netz, ohne dass ein Absender zu fixieren wäre. Das sorgt für Unsicherheit, wie ein Gesprächspartner mit Sonnenbrille, wie der Wachturm im Panoptikon. Die gegenwärtige Medienskepsis speist sich sicherlich zu einem maßgeblichen Teil aus der strukturellen Unauffindbarkeit der Sender, aber auch aufgrund der Etablierung des digitalen Fakts selbst. Die sich über das WWW ständig erneuernde Faktenlage zu einem bestimmten Thema sorgt für eine misstrauische Grundhaltung gegenüber allen Arten von Fakten, wo doch über Jahrtausende das feststehende – sich eben nicht ständig erneuernde – Wissen als wahrhaftig zu gelten hatte. Gerade wenn vor den Augen der vielen Anwender der eine Virologe die Maske empfiehlt und der andere widerspricht, kommt es zur Unsicherheit und zum unguten Gefühl, nicht richtig informiert zu sein. Die schiere Menge der sich beständig erneuernden Informationen machen das Klima der gegenwärtigen Medienskepsis aus. Dann ist da noch die grundlegende Komplexität von wahrer Information selbst. Denn was wahr und unwahr ist, hängt seit jeher von der Perspektive auf den Sachverhalt ab. Dass jene, die eine ganz bestimmte Deutung der Geschehnisse bevorzugen, allen anderen, die dieser Deutung widersprechen, mangelnde Neutralität vorwerfen, gehört zur Natur einer zugegebenermaßen recht faden Streitkultur selbst. Desinformation ist im Kern also meistens eine Sache der Perspektive und der Vorinformiertheit. Dabei sollen Medien objektiv sein. Neutralität wird allenthalben eingefordert. Der informationsgesättigte User will alles, bloß nicht belehrt werden – so scheint es. »Wir wissen schließlich selber, was wir denken wollen. So ungefähr lässt sich zusammenfassen, was in Kommentarspalten hier und anderswo zu lesen ist. Der einordnende Journalist gilt als neues Feindbild einer Medienkritik, die tatsächlich so tut, als sei die Wahrheit ein Schatz in tiefer See, der nur noch gehoben werden müsste. Erläuterungen, Deutungen, Haltungen – all dies scheint Teufelszeug einer moralisierenden Presse, die sich doch bitte darauf beschränken sollte, die reinen Fakten zu referieren. Diesem scheinbar so klaren Postulat liegt jedoch ein tiefgreifendes Missverständnis zu Grunde: das von einer greifbaren Wahrheit, die aller Interessen entkleidet, eindeutig und unmissverständlich zu kommunizieren sei. Als gäbe es keine Agenden und Spin-Doktoren, nur den faktenreinen Diskurs im herrschaftsfreien Raum. Nur ist die Welt eine andere und die Wahrheit ein brüchiges Konstrukt: Wie eine neutrale Berichterstattung über Russlands Ukrainepolitik aussehen soll, darüber dürften NATO und Kreml sehr unterschiedliche Auffassungen haben. Und die Darstellung des VW-Skandals sieht rund um Wolfsburg tendenziell anders aus als im Rest der Welt.«[217]

Zur elektronischen Gerüchteküche und der grundlegenden Problematik der Indikation von wahren Informationen selbst kommt die gegenwärtige Vielgestaltigkeit der medialen Desinformation. Sie kann in der selektiven Zensur bestehen, also dem partiellen Weglassen von maßgeblichen Fakten. Sie entsteht oft wie von ganz alleine durch fehlende Kontexte. Der einfache Fernsehkonsument im Großbritannien der sechziger Jahre kannte Spaghetti als Nudelform noch gar nicht. Die Desinformation ist hier auch ein Spiel mit dem Nichtwissen der Rezipienten. Die zeitliche Abfolge der Unmengen der Berichterstattungen spielt auch eine zentrale Rolle. Desinformation gelingt nur, wenn nicht zu genau hingeschaut wird. Gerade die überstrapazierte Aufmerksamkeit der Anwender ist ein Aspekt der Medienskepsis, der oft unterschätzt wird. Der mediale Manipulationsverdacht geht auch auf die einfache Tatsache zurück, dass die übermittelten Informationen selbst in 99% der Fälle nicht persönlich überprüfbar sind. Ein fast omnipräsentes, diffuses Gefühl der Desinformiertheit schwingt im eifrigen Medienkonsum dieser Tage mit. Barry Levinson formulierte hierzu einmal ein interessantes Statement. »Vom Golfkrieg haben wir kollektiv die selben Bilder.

Sonst nichts. Eine Kontrolle war unmöglich. Die Bilder hätte man auch fälschen können [...] Kommt es später raus, ist das egal. Da gibt es schon was Neues«[218]. Obwohl das Theorem der Allmacht der Medien für die meisten Medienwissenschaftler als Phantasma der Vergangenheit gilt, ist doch die Möglichkeit der Massenmanipulation spätestens seit Corona wieder in aller Munde. Auch wenn aufgrund der offenen Kanäle des Internets unwahrscheinlich – die Vorstellung einer konspirativen Runde bestehend aus Vertretern der großen Medienhäuser zur Setzung einer globalen Agenda erscheint verführerisch. Da im Grunde alles mit den oben genannten Variablen der Publizistik in die Agenda der weltweit vernetzten Anwender gepusht werden kann, bräuchte es doch nur die heimliche Absprache der größten Player. Anstatt einer gezielten und globalen Agenda stammen einzelne Desinformationen oft aus journalistischem Geltungsbedürfnis. Die berühmten Zeilen, die aus einem informierenden Ganzen herausgerissen wurden, sind zumeist griffiger als die komplizierte Wahrheit. Fehlinformationen sind tendenziell interessanter als wahre Informationen. Es geht bei ihnen um das Ominöse, das nicht genau Identifizierbare, das Konspirative, das Unwahrscheinliche (wie die Delphine in Venedig). Die Desinformation selbst war schon immer auch Politikum. Seit dem Dreißigjährigen Krieg und allerspätestens seit dem Syrienkrieg wissen wir: Neben jedem realen Krieg tobt auch ein Informationskrieg, ein Deutungskrieg. Letzterer wird immer vielschichtiger geführt. Er diversifiziert sich über die Mannigfaltigkeit der zur Verfügung stehenden Kanäle aus. Er wird auch perfider und undurchschaubarer. Denn eines ist sicher: In naher Zukunft wird mit Hilfe von künstlicher Intelligenz eine ganz neue Intensität der Desinformation erreicht. Dann werden auch Videos – die bislang noch als letztes mediales Beweismittel gelten – zur Desinformation genutzt.

Kapitel 9

Ideologie

Gamifizierung

Mit dem Aufkommen des Fernsehens als neuen Massenmediums Anfang der 1960er Jahre erkannte Adorno die Verbreitung verschiedener Stereotypien. Eine davon war ein von den Inhalten der Kulturindustrie erzeugtes kurzweiliges Empfinden: das Amüsement vor dem Gerät. Die oberflächliche Heiterkeit, das naive Belustigtsein vor dem Hintergrund der eben erst geschehenen Katastrophen des 20. Jahrhunderts ließen Adorno nicht los. Wie war ein anspruchsloses Vergnügtsein in Anbetracht des wenige Jahre zurückliegenden Holocausts möglich? Wie konnten sich Menschen nach den Gräueltaten der just zu Ende gegangenen dunkelsten Ära der Menschheitsgeschichte nur mit seichter Unterhaltung abspeisen lassen? Die Ratlosigkeit und Ohnmacht angesichts des Grauens in krassem Gegensatz zur bunten amerikanischen Entertainmentkultur – diese Dichotomie darf bei einer Anwendung der Medienkritik nach Adorno auf die heutige Zeit nicht unberücksichtigt bleiben. Dennoch: Unabhängig vom erlebten Grauen erkannte Adorno einen sich allmählich verselbständigenden Mechanismus, der die Emotionalität der Menschen in Mitleidenschaft zog. Unmerklich untergrub der »sanfte Terror« der Radio- und Fernsehunterhaltung die tief traumatisierte Nachkriegsgesellschaft. Entscheidend in diesem Zusammenhang: die Konstitutivität der Entwicklung. Denn »ihn (den Fernsehkonsum – Anm. d. Verf.) bekämpfen heißt soviel wie gegen den Weltgeist zu sein«[219].

Fernsehen entspricht heute nicht mehr ganz dem »Weltgeist«, obwohl es in Statistiken zur Mediennutzung in Deutschland immer noch die führende Position einnimmt.[220] Es ist der Geist der Digitalisierung, der heute im Zentrum der Aufmerksamkeit steht. Zu beobachten ist nämlich die sich immer weiter fortsetzende Integration des Fernsehens (wie auch des Radio- und des Printbereichs) in das digitale Konvergenzmedium Computer/Internet. Der User ist heute nicht mehr nur der passive Empfänger von wenigen starr terminierten Sendungen, sondern der aktive Zusammensteller und Organisator seines eigenen Unterhaltungsprogramms. Obwohl im Einzelnen die Entwicklung hin zu mehr Auswahl sicherlich positiv zu bewerten ist, hinkt doch das Argument der Aktivierung und der wachsenden Autonomie des Users, wenn man das Bild betrachtet, das sich im Ganzen darbietet. Denn die Auswahl seitens der Anbieter ist vorstrukturiert und personalisiert. Sei es auf Amazon, YouTube oder Netflix, die Angebote suggerieren genau so viel Wahlfreiheit, wie sie den eigenen Programmen der Effizienzsteigerung zuträglich ist. Abgesehen davon bleibt Unterhaltung Unterhaltung, egal ob sie selbst strukturiert oder von einem Sender vorgegeben wurde.

Die Unbekümmertheit des Konformisten, die Adorno damals am Liebhaber des zur Verfügung gestellten Unterhaltungsprogramms via Radio und Fernsehen ausmachte, lässt sich auch an so manchem Liebhaber der digital zur Verfügung gestellten Bildschirmspiele beobachten. Hierbei soll der überaus positiven Konnotation des »Spielenden« aus pädagogischer Sicht, insbesondere im Sinne Schillers, aber auch von Huizingas Theorie des »homo ludens«, nicht widersprochen werden. Die steigende Zahl der Computerspielenden deutet jedoch auf eine Entwicklung hin, die den Spielenden immer mehr zu einem Bildschirmspieler macht. Wird nicht gerade eine LAN-Party organisiert, ist der »Gamer« genau das Paradebeispiel des Masseneremiten, der zwar das Gleiche macht wie andere, aber solistisch vor dem Bildschirm vereinsamt. Sein Interesse am Game über Steam, dem verspielten Vergnügtsein mit aufgesetztem Headset, deutet, wenn auch nicht zwangsläufig mit politischem Desinteresse einhergehend, dennoch auf eine bestimmte Form des medientechnischen Konformismus hin.

»Vergnügtsein heißt Einverstandensein«[221], bemerkt Adorno in ähnlichem Zusammenhang.

Gamification ist ein Begriff für die Übertragung der Charakteristiken des Spiels auf alle Lebensbereiche. Es bezeichnet eine seit bereits längerer Zeit populäre Bewegung, die sich dem spielerischen Solutionismus verschrieben hat. Alles soll zum Spiel werden. Alles darf Spaß bereiten. Alles wird belohnt. Kritisiert werden von den Anhängern der Gamification die in der Realität fehlenden Motivations- und Gratifikationsanreize. Hier ließe sich im Sinne Adornos (Marx folgend) die Lebensart der Verspieltheit folgendermaßen kritisieren: Arbeiter und Angestellte, die es – trotz konstanter Senkung der Löhne und Sozialleistungen – nicht für nötig halten, auf die Straße zu gehen, sich zu wehren, sich zumindest in Gewerkschaften zu organisieren[222], verbringen ihre Zeit vor dem bunt bewegten Bildschirm. Sie lenken sich ab. In diesem Zusammenhang wird die vielleicht an sich gut gemeinte Idee der Gamification des Lebens vielmehr zu einem Aspekt der Infantilisierung via digitale Medien. Auf der einen Seite liegt der Fokus unverrückbar auf dem Spaßgehalt. Auf der anderen Seite steht die von Adorno bereits beobachtete Tendenz zur »Liquidation der Tragik« – der Kämpfe. All die Elemente, deren ein Mensch zum autonomen mündigen Dasein bedarf, werden in der Ideologie des Fun und Amüsements via Netflix und Amazon in den toten Winkel der Selbstwahrnehmung verfrachtet. Stellt man den steigenden Absatz der Gamingindustrie neben die Desinformiertheit, die damit zusammenhängende Abkehr von Politik (bzw. den weltweiten Erfolg rechtspopulistischer Bewegungen) und das grassierende Desinteresse an sozialer Gerechtigkeit, so führt das zwangsläufig zur Erkenntnis eines zweifelhaften Missverhältnisses in der konkreten Lebensgestaltung des »Gamers«.

Auch die Ergebnisse einer Studie zu politischem Engagement in der deutschen Studentenschaft aus dem Jahr 2014 können in diesem Zusammenhang angeführt werden: »Ernüchterndes Ergebnis einer bislang unveröffentlichten Studie der Bundesregierung: Deutsche Studenten sind demnach eine konservative Gruppe, der finanzielle Sicherheit wichtiger ist als politisches Engagement. ›Die Ergebnisse zeichnen das Bild einer stark ichbezogenen Studentengeneration. Berufliches Vorankommen sowie materielle Werte sind für sie sehr wichtig‹, heißt es in der Studie von TNS Infratest, die vergangenes Jahr im Auftrag des Bundespresseamts erstellt wurde. ›Sich schöne Dinge leisten können‹ steht für die Studenten zum Beispiel weit oben auf der Agenda. In einer ähnlichen Studie im Jahr 1995 fanden dies nur 31 Prozent wichtig, heute sind es 73 Prozent der Befragten. Dagegen hat das politische Interesse der Studenten im Vergleich zu früheren Untersuchungen nachgelassen«[223]. Nicht mehr nur das feste Programm weniger Fernsehsender, sondern die unendlichen Weiten der digitalen Unterhaltungsangebote stellen so manchen vor eine Lebensaufgabe, die ihn von den eigentlichen Herausforderungen des gesellschaftlichen Daseins konsequent ablenken. Der griechische Typus des zoon politikon, des diskutierwilligen und aufrechten politischen Geistes – er ist damit beschäftigt, sein Unterhaltungsprogramm zu sortieren. Der Mensch gibt sich mit den kurzweiligen Gratifikationen, der »Befreiung, die Amusement verspricht«[224], zufrieden. Darüber hinaus setzt sich der Amüsierbetrieb nach Adorno über WhatsApp und Instagram in die Sozialität der Menschen fort. Sie finden Entertainment nicht mehr hauptsächlich an den Kulturwasserhähnen, die nur in eine Richtung laufen, sondern im Austausch miteinander. Die zerstreuenden, repetitiven Elemente der Massenreproduktion infiltrieren sukzessive die Beziehungen der Menschen untereinander. Jeder »entertaint« den anderen, so gut er kann. Je amüsanter die Posts, desto besser. Gleichzeitig stabilisiert sich eine verbiederte und gleichermaßen arbeitsintensive Kommunikationsform via Facebook. Diese gebietet nicht nur das Integrieren von Smileys, Herzchen und Einhörnern in den Alltagschat. Sie steht paradigmatisch für eine Infantilisierung der Sprache bei gleichzeitiger Verrohung der Lebensverhältnisse. Evgeny Morozov spricht von einem allgegenwärtigen Google-Profil, das in naher Zukunft mehr über uns aussagen wird als ein Bewerbungsgespräch. Folgendes Beispiel steht exemplarisch für die Lebensform der Überwachung. »Sie steigen in ein Uber-Auto und machen einen schlechten Witz gegenüber dem Fahrer, der Fahrer merkt sich das, und es wird sich in ihrem Profil niederschlagen«[225]. Ganz ähnlich kann es einem mit dem Community-Marktplatz für Unterkünfte »Airbnb« gehen. Der Gast, der nicht den Müll rausgebracht oder ohne zu zahlen die Mandelmilch aus dem Kühlschrank verbraucht hat, bekommt eine schlechte Bewertung und gerät so in den Kreis derjenigen, die nicht mehr das volle Programm nutzen können.

Gerade die Ideologie der sogenannten »Sharing Economy« funktioniert nach dem Prinzip des konstitutiv gewordenen verbiederten Umgangs in Folge der disziplinierenden Effekte. Das digitale Profil wirkt hier wie ein im Hinterhof wartender Wachhund. Wer nicht nach den Regeln spielt, wird gebissen. Gedanken zur prinzipiellen Unmöglichkeit wirklich freier Aktionen drängen sich in diesem Zusammenhang auf. Wobei das gerade verspielte »Gadgeteering« und die naive »Do-it-yourself«-Bewegung heute wie damals als Kompensationsleistungen anzusehen sind. Sie sind die vorläufigen Höhepunkte einer zur Lebensart gewordenen inhaltsleeren »Pseudo-Aktivität«. Sie sind der unablässigen medialen Einhämmerung der gleichen Verhaltensschemata geschuldet und bereits lange vor dem intuitiven Gebrauch des Smartphones das Resultat einer »jegliche Vernunft überschreitenden, über alle Lebensbereiche sich ausdehnenden affektiven Besetzung der Technik«[226]. Heute wie damals eint Gadgeteers die Faszination für technische Spielereien aller Art. Dabei fällt das oberflächliche, leicht ablenkbare Interesse an alltäglichen Kniffligkeiten und technischen Rätseln gegenwärtig mit dem allzeit verfügbaren Google-Algorithmus zusammen. Es ist zu einer Lebensart geworden, sich mit dem Smartphone in der Hand an alle Probleme heranzuwagen, die sich lebenspraktisch stellen. Waren es damals noch die stets willkommene »elektrische Störung im Haus« oder die »Schraubenlockerung im Wagen«[227], so sind es heute das obligatorische Neuformatieren der Festplatte, der Virenschutz, der endlose Imperativ des Upgrades, die eine nach wie vor hoch virulente Heimwerkerkultur anreichern. Ideologiekritische Medientheorie des 21. Jahrhunderts muss die neue digitale Biedermeier-Kultur kritisieren, in der jeder sich mit seinem vernetzten Gerät und seinen Baumarktartikeln im Eigenheim beschäftigt. Exemplarisch hierfür steht seit Jahrzehnten das Ikea-Prinzip. Anders beobachtete im Kontext der zu seiner Zeit in Mode kommenden Camping-Kultur bereits die Idiotie eines »Baukastenspiels«, nämlich das der vorfabrizierten Werkteile und Gebrauchsanweisungen. Nur ist es heute nicht das Zusammenbauen im Freien, sondern das im warmen Zuhause. Heute wie damals sind es die kleinen, verzwickten handwerklichen Herausforderungen, die in jüngster Zeit gemäß der Ideologie des Internet-Solutionismus bestenfalls online recherchiert werden müssen. Das scheinbar Kreative am Umgang mit vorgegebenen Rätseln erkennt Anders bereits als eine »mit allem Fertigwaren-Luxus der Neuzeit unternommene Exkursion des antiquierten Menschen in eine antiquierte Produktions- und Daseinsstufe«. Es ist heute im Vergleich zu früher jedoch die tatsächlich stattfindende »pausenlose Belieferung mit fertigen Produkten«[228], die den Einzelnen pseudoaktiv sowohl an der DIY-App, am Social- Media-Profil als auch am Ikea-Bausatz zurücklassen. Gerade hinsichtlich der Gehaltlosigkeit des heutigen App-Gadgeteers ließe sich die Medientheorie McLuhans ganz im Sinne Adornos zynisch deuten: das Medium ist hier wirklich die einzige leere Botschaft.[229]

Die Kritik am oberflächlichen medialen Amusement im Sinne Adornos ist seit jeher lebendig und spätestens mit Neil Postmans »Wir amüsieren uns zu Tode« (1985) in Form einer tiefgreifenden Fernsehkritik zu einer Art medienkritischem Mainstream avanciert. Die Kritik am Konsum der flachen Kulturware besteht nach wie vor. Doch hat sich innerhalb der Popkultur die Ware selbst zur Kultur erhoben. Kitsch und Kultur lassen sich nicht mehr trennscharf auseinanderhalten. Dennoch muss hier im Rekurs auf Adorno die Gamifizierung der Arbeitswelt und der Bildung kritisiert werden. Byung-Chul Han spricht in diesem Zusammenhang vom »Kapitalismus der Emotion«. Arbeit wird emotionalisiert, um mehr Motivation zu generieren, mit dem Ziel, am Ende mehr Geld zu verdienen. Der homo ludens wird abgelenkt und ausgebeutet. »Man unterwirft sich dem Herrschaftszusammenhang, während man spielt«[230]. Auf der einen Seite steht die »Abstiegsgesellschaft«. Mit ihr beschreibt derzeit Oliver Nachtwey das Aufkommen einer neuen Klassengesellschaft, in der sich die Klassen ihrer selbst aber nicht mehr bewusst werden. Er spricht im Rückbezug auf Marx' Parzellenbauern von »wechselseitiger Entfremdung«[231], die zu einem neuen Identitätsverlust führt. Die Gründe für die wechselseitige Entfremdung liegen auf der Hand. Jeder ist damit beschäftigt, sich selbstoptimiert über die funkelnden Bildschirme darzustellen. Aufrichtige Kommunikation bleibt dabei meist auf der Strecke. Anschauliche Beispiele für prekäre Verhältnisse, die nach außen hin als erstrebenswertes Lebenskonzept verkauft werden, sind die vielen selbständigen Kreativarbeiterinnen und Kreativarbeiter der Medienbranche. Sie machen nach Nachtwey aus »der Not eine Affirmation (›Ich kann mir nicht vorstellen, einen Chef zu haben; ich brauche meine Freiheit‹)«[232]. Hier bündelt sich die Absurdität der Situation. Man verkauft sich über die Kanäle der Kulturindustrie als erfolgreich und selbstbewusst, leidet aber gleichzeitig unter einem ökonomischen Missverhältnis, das sich unmerklich in die Gesellschaft eingeschlichen hat. Die Ideologie der digitalen Verbiederung erlaubt es den Benachteiligten nicht mehr, sich über die Benachteiligung auszutauschen und somit in den Verhältnissen wahrzunehmen, in denen sie sich befinden. Es kommt zur »Klassengesellschaft ohne Klassenspannung«[233] und zur Entwicklung vieler vereinzelter Prekariate anstelle eines zusammenhängenden. Zurück bleiben die »working poor« als verbiederte Heimarbeiter einer neuen Gesellschaftsformation. Die Gewinnmaximierung im Namen des Spiels fällt heute mit den bunten Benutzeroberflächen des Computers zusammen. Gerade in der Schule: Mit der Gamifizierung des Schulunterrichts festigt sich eine andere Form des Kapitalismus. Wenn alles auf die spielerisch erreichbaren Gratifikationspunkte ausgelegt ist, werden die Inhalte zur handelbaren Ware. Die Beteiligung am Unterricht wird »zu einer Art Kosten-Nutzen-Rechnung«[234]. Die unterschwellige Festigung ökonomischer

Prinzipien bei gleichzeitiger medialer Vergnügung galt schon früher als der zentrale Mechanismus des Räderwerks der Kulturindustrie. Kritik an der perfiden Gamifizierung der Arbeit und der Bildung muss Teil einer postdigitalen Bewegung sein.

Memifizierung

Leicht vervielfältigbare und teilbare Internetphänomene, zumeist in Form von Bildern oder kurzen Videosequenzen, halten seit einigen Jahren Einzug in die Kommunikationsriten der User. Meme entwickeln sich über den frei zugänglichen Content im Netz. Von Weitem sieht das aus wie eine eigendynamische und diffuse Entwicklung, so ähnlich wie die biologische Genmutation. Bei genauerem Hinsehen lässt sich jedoch ein strenges Muster erkennen, das jedem Mem zugrunde liegt. Und das lässt sich so beschreiben: Ein Mem entsteht aus dem Transfer eines bestimmten Gegenstands (Bild, Video, Musik, Sprache) in einen neuen, meist überraschenden Kontext. Anstatt der unintendierten Genmutation nach Gesetzmäßigkeiten Darwins sind Internetmeme vom Einzelnen intendierte Veränderungen des sogenannten digitalen Erbguts. Die Mutationen sind also gewollt und finden im vollen Bewusstsein des Anwenders statt. Das Mem gilt als das herausragendste Symbol der Remixkultur unserer Tage. Es ist ohne Zweifel die prominenteste Kunstform für Jugendliche und junge Erwachsene aller gesellschaftlicher Sphären. Meme gelten hier insbesondere als Kommunikationscodes, die sie von Älteren absetzen. Die Form eines Mems kann sehr unterschiedlich sein. Und doch vereint alle Meme die Remixtauglichkeit, also die einfache Alterierbarkeit und ein sich in der Wiederholung steigernder Unterhaltungswert. Letzterer bringt Soziologen, Medienwissenschaftler, Werbeagenturen und Politiker bis heute in große Erklärungsnot. Denn wie im Endeffekt ein populäres Mem zustande kommt, kann im Grunde niemand wirklich sagen. Hier gerät das Mem in die nächste Nähe zur Kunst. Ein Mem kann vielschichtig sein und komplexe paradigmatische wie syntagmatische Konnotationsebenen entwickeln. Es repräsentiert dann auf humorvolle Art eine tiefergehende Widersprüchlichkeit und verweist auf einen denkwürdigen gesellschaftlichen Zustand. Während die einen ein Loblied auf die Möglichkeiten neuer kreativer Räume singen, gibt es auch hier wieder die Skeptiker, die in der Memifizierung vorrangig Gefahren entdecken. Beide Perspektiven sind hier von Bedeutung, da an dieser Stelle wie unter einem Brennglas die Chancen und Risiken der Digitalisierung deutlich werden. Die Faszination gilt in erster Linie den neuen kreativen Räumen: »Our species has let loose the most wonderfully creative space that ever existed. Instead of individuals using their limited resources to create images, adverts, music and songs, and then subjecting them to a limited audience, we now have billions of people with access to vast amounts of human culture and the ability to change, mix and pass on anything they like. New ideas flood the world and hefty selection pressures throw most of them into oblivion, enhancing the few. This is creativity indeed – unpredictable, glorious and thriving creativity. These internet memes provide a little window into this newly evolving world«[235].

Gerade die Betonung der Entstehung einer neuen Welt, zu der die Memkultur eine Tür öffnet, verweist auf einen neuen, vermeintlich kollektiven kreativen Geist. Es ist der Geist der Remixkultur, das »Kopieren, Transformieren und Kombinieren«, das als ein bedeutender Schritt in der sozialen und künstlerischen Evolution der heutigen Gesellschaft erkannt wird. Maßgeblich für Erfolg oder Misserfolg eines Mems sind Faktoren, die auch in der klassischen Medienwirkungsforschung über die Verbreitung einer Nachricht Aufschluss geben: Ist das Mem unterhaltend? Ist es witzig? Überraschend? Berührend? Erinnert es den Nutzer, der es verbreiten soll, an etwas, das er schon kennt? In der Tat fühlt man sich in Anbetracht der Kriterien für ein erfolgreiches Mem an frühere Medientheorien erinnert: die inhaltliche Nähe zum Rezipienten, biographische Anknüpfungspunkte, Aufdringlichkeit, Überraschung, die emotionale Dimension, insbesondere die Rahmung des Inhalts und die Positionierung desselben, sind Faktoren, die in die heutige Analyse der Memgenese miteinfließen. Im Zentrum aller Meme steht das Herauslösen von Bildern und Videosequenzen aus Kontexten und das Versetzen derselben in neue Kontexte. Dies eröffnet sicherlich kreative Räume. Dabei – und da wären wir bei der kritischen Perspektive auf das Phänomen – wirft die Kontextualisierung von Bildern, die bisweilen ohne Rücksicht auf Persönlichkeits- und Urheberrechte bearbeitet und verbreitet werden, schwierige ethische und juristische Fragen auf.[236] Urheber- und Persönlichkeitsrechte müssen in der Remixkultur demzufolge neu gedacht werden und stehen unvermeidlich zur Disposition. Wie man mit dieser neuen Problematik der fehlenden Reglementierung des Internets umgehen soll, kann zu diesem Zeitpunkt noch nicht gesagt werden. Experten sind sich nur in einem Punkt einig: Wir stehen am Anfang einer Entwicklung, die sich nicht umkehren lässt. Meme sind Teil der öffentlichen Kommunikation und werden es – solange es das Internet gibt – bleiben. Die Grenzen der Persönlichkeits- und Urheberrechte, die aus dem 18. und 19. Jahrhundert stammen, müssen neu gezogen werden. Denn das blackboxartige Internet löst viele Grenzen, die bis vor Kurzem noch klar zu ziehen waren, auf. Eine davon verlief zwischen dem Gegensatzpaar privat/öffentlich. Es lässt sich mittlerweile ersetzten durch den Antagonismus nicht-kommerziell/kommerziell. Ein Influencerleben gibt über diese Grenzverwischung Aufschluss. Die Entscheidung liegt aber nicht mehr nur bei Influencern darin, Dinge für sich zu behalten (denn diese sind im Digitalzeitalter ohnehin öffentlich), sondern sie besteht darin, sich die persönliche Freiheit nehmen zu können, ein öffentliches, aber nichtkommerzielles Leben zu führen. Hier weist die Diskussion von Memen Berührungspunkte zu den ethischen Erörterungen zur Würde und zum Wert des einzelnen Menschen auf.

Ein weiterer wichtiger Aspekt der Memifizierung darf hier nicht fehlen: Seit den zum Teil fulminanten Siegeszügen der Meme greift die PR-Industrie auf deren Prinzip zurück. Dabei wird versucht, die Viralität der eigenen Produktionen wie ein Mem aussehen zu lassen. Nicht nur erhöhte Publikumsresonanz in Form von Views und Likes wird so suggeriert, sondern auch aktive Vervielfältigung und Bewertung. Das Einkaufen von Klicks, Kommentaren und Verlinkungen gehört heute zum Standard im professionellen Webimagebetrieb. Es ist kein Geheimnis, dass Musikvideos oft mit gekauften Klicks angereichert werden. Mit einem einfachen Effekt: Videos mit einer Milliarde Klicks erscheinen prominenter als die mit nur einer Million Klicks.

Entscheidend bei den hier angestellten Überlegungen ist die Perspektive auf die Reaktion der User auf Phänomene im Netz. Im Zentrum steht eben dieses reaktive Potential. Somit bleibt festzuhalten, dass auch der Logik des Mems das Prinzip der Beobachtung zweiter Ordnung zugrunde liegt. Morozov spricht von der »Tendenz, anhand der vorliegenden Informationen über eine bestimmte Zielgruppe alles danach zu bemessen, wie diese Zielgruppe darauf reagieren wird«[237]. Es ist wie bei geschickten Instagram-Posts: Derjenige, der die virale Lage besser einschätzt, der ein Gefühl für die positive Resonanz des Publikums entwickelt, der die emotionale, persönliche und unterhaltende Qualität seines Beitrags zu rahmen und zu positionieren weiß, wird mit einem hohen Maß an Viralität rechnen können. Und doch: Viele »natürlich« entstandene Meme können nicht erklärt werden. Warum gerade der TechnoViking oder der Fortnite Floss Dance zu hoch viralen Memen wurden, lässt sich im Endeffekt rational nicht vollständig erklären. Meme werden gesucht, beforscht. An ihnen wird rund um die Uhr gearbeitet. Neben Werbeagenturen stehen heute Memagenturen. So schwierig es ist, ein erfolgreiches Mem zu kreieren, der Ertrag scheint die Mühen zu rechtfertigen. Vor allem die rechtspopulistischen Parteien haben Meme für sich entdeckt. Das hat seinen Grund: Mit Memen lässt sich ein einfaches Weltbild praktisch und witzig verpackt schnell und in unendlicher Zahl vervielfältigen.

Radikalisierung

Ein antisemitisches Narrativ hält seit einigen Jahren Einzug in die vielen latent bis offenkundig rechten Foren des WWW: der »Cultural Marxism«. Es besagt, dass die jüdisch-intellektuelle Weltverschwörung mit ihrem Ziel, die christliche und muslimische Kultur zu zerstören, in einem apokalyptischen Weltuntergang ende. Der Glaube daran wird mit obskuren Statistiken zu einer Art jüdischem Lobbyismus, der sich weltweit vernetzt habe, in allen Bereichen der Gesellschaft (vor allem in den USA) belegt. Die zentrale rhetorische Strategie der Neuen Rechten in Amerika und Europa ist die auf der Memlogik beruhende Konzeptentführung. Begriffe werden übernommen, die bis vor Kurzem noch einem links-liberalen Diskurs zuzuordnen waren. Heraus kommen Geschmacklosigkeiten wie »White Power« und »All Lives Matter«. »Mit diesen Begriffen nehmen sie Bezug auf politische Slogans wie ›Black Power‹, mit denen in den 1960er Jahren Afroamerikaner in den USA eine Gegenbewegung zum gesellschaftlichen Rassismus schaffen wollten, oder der ›Black Lives Matter‹-Bewegung, die sich 2013 in Reaktion auf Polizeigewalt gegen Schwarze in den USA formierte.«[238] Die memhafte Entführung der rhetorischen Figuren wird so zu einem perfiden Spiel mit den emanzipatorischen Energien, die sich einst in ihnen bündelten. Der kämpferische Impetus für die Gerechtigkeit wird in der denkbar absurdesten Art umfunktioniert für den Kampf gegen sie. In der Verballhornung bestimmter gesellschaftlicher Diskurse steckt ein wichtiger Wegbereiter für politische Gleichgültigkeit. Wenn Begriffe ihre Schärfe verlieren, verliert auch deren Bedeutung an Gewicht. Sprache wird so über Meme zu einem medialen Nebenschauplatz. Im Vordergrund steht der audiovisuelle Remixscherz. Sprache erscheint oft höchstens als Beiwerk, das das Mem abrundet. Die gesamte Öffentlichkeitsarbeit des ehemaligen Präsidenten der USA sieht wie eine unendliche Aneinanderreihung von Memen aus, in denen Sprache nur noch als sekundäres Beiwerk mitschwingt. Der ans Absurde reichende Größenwahn, die fahrlässigen Desinformationen, der aggressive Rassismus und Chauvinismus – all das gewinnt im Kontext der sich etablierenden Memkultur wieder an Sinn. Trump steht insofern nicht primär für die bewusste Zerstörung einer politischen Kultur, sondern vor allen Dingen für die logische Folge einer medialen Verschiebung.

In diesem Zusammenhang stellt der YouTube-Algorithmus selbst eine noch viel größere Bedrohung dar als das neue kommunikative Konstituens des Mems. In ihrem New-York-Times-Artikel »YouTube, the Great Radicalizer« erklärt die Digitaltheoretikern Zeynep Tufekci die Auswirkungen des Algorithmus auf den informationellen Horizont des einzelnen Users. Ein Schema sticht dabei heraus: der Rezipient der von YouTube aufgefahrenen audiovisuellen Unendlichkeiten wird ausgehend von seinem ursprünglichen Suchbegriff zu immer extremeren Inhalten geführt. Egal, ob politische Themen, Vegetarismus oder Sport: Die anfänglich harmlosen Empfehlungen zu den Seiten gemäßigter Influencer, zu Veganismus, zum Marathonlaufen werden mit der Befolgung der herausstechenden Vorschläge immer extremer. Aus den extremeren Vorschlägen werden unversehens radikale: Verschwörungstheorien, Partisanenkämpfe gegen Tierzucht und Ultramarathon. »It seems as if you are never ›hard core‹ enough for YouTube's recommendation algorithm. It promotes, recommends and disseminates videos in a manner that appears to constantly up the stakes. Given its billion or so users, YouTube may be one of the most powerful radicalizing instruments of the 21st century.«[239] Gleichzeitig missbraucht die Plattform wie keine andere eine der besten menschlichen Eigenschaften: die Neugier. Mit jedem Klick gelangt der User jedoch immer tiefer in einen undefinierbaren Strudel aus allem Möglichen. Und nicht selten landet er bei einem Video mit zweifelhaften Inhalten. Denn alle extremen Inhalte erhalten im YouTube-Kontinuum automatisch die höhere Resonanz. Der Algorithmus formatiert insofern die Gesellschaft neu. Er polarisiert und radikalisiert unmerklich, da alle errechneten Angebote dieser perfiden Eigendynamik folgen. Die Plattform profitiert von den radikalen Inhalten in mehrfacher Hinsicht. Radikale Inhalte sind nicht nur attraktive Klickköder, sondern – wenn man die Logik des Algorithmus zu Ende denkt – die Zielgrößen und Eckpfeiler in der Struktur des Programms. Die extremen Rechten gewinnen mit YouTube auch – und zwar im wahrsten Sinne des Wortes »automatisch«. Ihr weltweiter Erfolg ist ein algorithmisch gestützter, verstärkter, erweiterter Erfolg. Letzterer gerät im Zeitalter der permanenten Verbundenheit, der Gläsernheit immer näher an den Einzelnen heran. »Wer in Echtzeit interagiert, ist persönlicher verbunden.«[240] Auch die Gewalt, das echte Blut, die echten Schüsse werden persönlicher und rücken so an den Einzelnen immer näher heran. »Am 9. Oktober 2019 versucht ein bewaffneter 27-Jähriger, in die Synagoge von Halle einzudringen, um dort einen Massenmord zu verüben. Zu Beginn seines Videos, das er während seines Anschlagversuchs live ins Internet streamt, bezeichnet er Juden als die Wurzel allen Übels. Dann setzt er sich seinen Helm auf, an dem die Kamera befestigt ist und fährt zur Synagoge. Wie in einem Computerspiel begleitet das Publikum den Täter dabei, wie er an der Tür der Synagoge scheitert und wie er zwei Menschen erschießt. Die deutsche Öffentlichkeit hört an den folgenden Tagen von rechtsradikalen Onlineforen, in dem sich vor allem junge Männer radikalisieren, und von einer neuen Form des Rechtsterrorismus. Terror zielt immer auf ein Publikum, doch mehr denn je sitzt dieses nun zu Hause vorm Computer und surft im Internet. Wie sein Vorbild will der Angreifer von Halle eine ganz bestimmte Community im Netz erreichen, um dort gefeiert zu werden – und Nachahmer zu motivieren. Denn der Täter aus Halle ist selbst ein Nachahmer. Die Vorbereitungen für seinen Anschlag beginnt er, so erzählt er es dem Haftrichter, am 15. März 2019, als ein Rechtsterrorist im neuseeländischen Christchurch 51 Menschen tötet. Die Fahrt zu den Tatorten, zwei Moscheen, und das Morden selbst werden live auf Facebook übertragen. Die Links zum Video und zu seinem ›Manifest‹ postet der Täter in einem in Deutschland weitgehend unbekannten Internetforum namens 8chan. Die Welt ist geschockt – zunächst von der Kaltblütigkeit und vom Ausmaß der Tat, dann auch von den Reaktionen im Netz. Nicht nur, dass die Blutlust des Publikums so groß ist, dass allein Facebook innerhalb von 24 Stunden 1,2 Millionen Kopien des Videos direkt beim Hochladen blockieren und 300.000 Kopien entfernen muss, darüber hinaus gibt es Orte im Netz, an denen der Täter als Held verehrt wird«[241]. Das Attentat von Christchurch gilt in vielerlei Hinsicht als Zäsur, vor allem jedoch in der öffentlichen Wahrnehmung der digitalen Vernetzung. Das Internet als politisches Neutrum oder als harmlose Allmende des Teilens wird über die Massenprogramme immer weniger neutral und immer weniger sozial. Radikalisierung wohnt der Funktionsweise des GAFA-dominierten Internets apriorisch inne. Nicht nur die Freude, der Fun, die optimierten Bilder, die witzigen Videos werden multipliziert, sondern auch der Terror, Antisemitismus, Rassismus und Antifeminismus. Sie tragen maßgeblich dazu bei, dass sich die heutige asymmetrisch vernetzende Öffentlichkeit radikalisiert.

Epilog

Zurück zum Persuasive Tech Lab der Stanford Universität. Persuasiv (aus dem lateinischen persuadere »überreden«) bezeichnet hier die »Überredung« der Anwender zu bestimmten Verhaltensweisen. Für die kalifornischen Wissenschaftler ist seit langem klar, dass der Mensch nicht primär seine Alltagstechnologien aussucht und anwendet, sondern vielmehr von den Geräten zu einem bestimmten Verhalten getrieben wird. Im Kapitel »The Ethics of Persuasive Technology« aus so etwas wie der Hausbibel des Forschungsinstituts beleuchtet dessen Leiter nicht etwa das (eigentlich brennende) moralische Problem von verhaltensändernden Programmen selbst. Seine Fragen zielen lediglich auf den ökonomischen Mehrwert: Wer gewinnt mit der neuen Technologie? Wer verliert? Was wird gewonnen? Was verloren?[242] Es geht also um den praktischen Nutzen. Damit hat er zunächst nicht einmal ganz unrecht: Die Menschen müssen sich in der Tat fragen, ob sie von den Geräten und Programmen, die sie in ihr Leben integrieren, von denen sie ihr Verhalten ändern lassen, in irgendeiner Weise profitieren. Sie müssen sich sicherlich auch fragen, wer mit der zur Verfügung gestellten Technologie an Macht, Geld, Erfolg, Kontrolle gewinnt, und vor allem, wer verliert.

Die Gewinn- und Verlustrechnung ist aber nur eine Facette der ethischen Auseinandersetzung. Denn die Frage nach dem Mehrwert – also was wem, wie und wozu etwas nützt – vernachlässigt die moralische Dimension der Sache selbst. Wir bewegen uns hier schließlich am ideologischen Epizentrum der amerikanisch eingefärbten Totaldigitalisierung unserer Zeit. In ihr hallt der moralische Pragmatismus nach, der bereits in der Vergangenheit auf dem europäischen Festland für Kritik sorgte. Das Diktat der Effizienz, der Nützlichkeit treibt aber gerade heute, im Zeitalter der Selbstoptimierung, die Menschen in allen Teilen der Welt um. Als moralisch richtig erscheint für viele die erfolgreiche Akkumulation von virtuellen Likes und Followern – zählbar und immer nachprüfbar. Schenkst du mir Aufmerksamkeit in Form eines positiven Kommentars, gebe ich dir Likes zurück. Es bringt uns beiden etwas und kann somit nicht schlecht sein. Die Suggestion der beständigen Win-win-Situation bei der richtigen Anwendung des – vermeintlich ideologiefreien – Programms muss als einer der perfidesten Angriffe auf die moralische Souveränität des Menschen angesehen werden. Kommunikation degeneriert so, ohne dass wir es wollen, zu einem geschäftsmäßigen Austausch. Der Wert des Mitmenschen errechnet sich hier ganz konkret aus der potentiell ertragreichen virtuellen Transaktion. Dabei gilt die Reduktion des eigenen Lebens und das der Mitmenschen auf den Nutzen spätestens seit Immanuel Kants Moralphilosophie als schwierig zu rechtfertigendes Unterfangen. Im Zuge seiner Erarbeitung des Kategorischen Imperativs kommt er zu folgendem interessanten Schluss: Weder Gefühle (Neigungen; 1. Satz) noch (Gewinn-)Absichten (Konsequenzen; 2. Satz) können zur Motivation zu einer wirklich moralischen Handlung dienen. Kant verlangt von jedem Menschen, seinem in ihm angelegten guten Willen zu folgen und ihm gemäß vernünftig zu handeln. Gerade entgegen all den Irrungen und Wirrungen der Emotionen und Erfolgsabsichten bleibt der von allen »sinnlichen Triebfedern«[243] unabhängige gute Wille der einzige wirkliche ethische Fixstern. »Die Würde des Menschen ist unantastbar. Sie zu achten und zu schützen ist Verpflichtung aller staatlichen Gewalt.« Postdigitale Medienkritik rückt den Menschen in den Mittelpunkt und schiebt das technische Nützlichkeitsdenken beiseite. Der Blick löst sich von den Apparaten und deren Nutzen für irgendjemanden und geht zurück auf den grundrechtlich verankerten Wert des Menschen selbst. Die Nutzenethik der kalifornischen Wissenschaftler geht an ihm vorbei. Sie folgt einem vulgären ökonomischen Diktat. Sie vernachlässigt, dass der Mensch einen Zweck an sich hat und unabhängig von seinen empirisch messbaren Erfolgen – erhaben über die technologische Objektivierung – Würde in sich trägt, die auch in Zukunft unantastbar sein wird.

Die digitale Euphorie, die die Möglichkeiten und öffnenden Kräfte der Medienrevolution begleitete, weicht zusehends der postdigitalen kritischen Haltung. Das folgt durchaus einer gesunden dialektischen Logik. Es geht um die Antithese zur medialen Setzung und letztlich um die Aufhebung beider Bewegungen in einem neuen sinnvollen Ganzen. Humanistische Werte bleiben hier die wichtigsten moralischen Orientierungshilfen der Menschheit. Individualität, Freiheit, Bildung sind auch mit dem Tablet in der Hand ihre größten Errungenschaften. Sie müssen verteidigt werden. Die Würde des Anwenders muss aktiv zurückgefordert werden. Informationelle Selbstbestimmung und Privatsphäre als Bedingungen für ein würdevolles Dasein können nicht einfach als Werte der Vergangenheit gelten. »Es sei denn, wir sagen, dieses Grundrecht auf Datenschutz ist ein Grundrecht zweiter Klasse«[244]. Postdigitale Medienkritik erinnert die Menschen an ihre ideellen Privilegien, die nicht vom Himmel gefallen sind, sondern über Jahrtausende erkämpft wurden. Die reine Vernunft der Menschen muss heute besonders die digitalen Motivationen überprüfen. Denn eine automatische Erweiterung des moralischen Horizontes findet über die Apparatur nicht statt. Das Gegenteil ist leider der Fall. Der Einzelne steht mit seinen Überlegungen zum moralischen Gehalt mit egal welchem Medium vor den gleichen Fragen nach der Maxime seines Handelns. Ist es ein genuines Bedürfnis nach Erkenntnis, das mich leitet, oder ist es der unterhaltende Aspekt der angenehmen Benutzeroberflächen von Such- und Wissensmaschinen? Ist es das sublime Prinzip der Freundschaft, das mich bei der Kontaktaufnahme lenkt, oder die funkelnde Verheißung der Social-Media-Plattform? Ist es ein Interesse an Technik, an dem, was sie für mich tun kann, oder ist es der bunte Touchscreen? Hier darf nach Habermas nicht vergessen werden, dass Immanuel Kant sich noch mit einem anderen Mediensetting auseinanderzusetzen hatte. »Kant rechnete natürlich noch mit der Transparenz einer überschaubaren, literarisch geprägten, Argumenten zugänglichen Öffentlichkeit, die vom Publikum einer vergleichsweise kleinen Schicht gebildeter Bürger getragen wird. Er konnte den Strukturwandel dieser bürgerlichen Öffentlichkeit zu einer von elektronischen Massenmedien beherrschten, semantisch degenerierten, von Bildern und virtuellen Realitäten besetzten Öffentlichkeit nicht voraussehen.«[245] Besonders verzwickt in der semantisch degenerierten, von Bildern und virtuellen Realitäten besetzten Öffentlichkeit ist die stets lauernde Vernachlässigung bestimmter Folgen, wobei sich die virtuelle Handlung an sich mühelos, ja kinderleicht, mit wenigen Klicks oder Handbewegungen durchführen lässt. Der affektmotivierte Post, die unüberlegte Textnachricht, das Eintippen der Kontodaten stehen in keinem Verhältnis zu den möglichen Folgen der bereitgestellten Information. Der Mensch ist gerade hier dazu angehalten, sein Handeln rigoros zu rationalisieren. Die einfache und angenehme Verfahrensweise bei den täglich uns umgebenden Handlungsoptionen, sei es bei Amazon, Google, Facebook oder Online-Banking, darf nicht zu weniger ethischen Reflexionen führen. Dies ist aber leider eine moralische Schattenseite der Digitalisierung. Die Entscheidung, ob bei einem monopolistischen Konzern mit fragwürdiger Arbeitgeberethik eingekauft wird oder nicht, wird emotional motiviert sein. Ebenso kann die Entscheidung, die eigenen intimen Daten an einen nicht weniger bedenklich agierenden Konzern abzutreten, der bekanntlich mit der Spionageabteilung der amerikanischen Regierung zusammenarbeitet, nicht auf die Reflexion einer guten Maxime im Sinne Kants zurückgeführt werden. Sie muss in der Irrationalität der Gefühlswelt gesucht werden, um nachvollziehbar zu sein. Gerade am rigorosen Beharren auf der Rationalität der ethischen Motivation des Handelns muss heute bei einer sich medial ereignenden Verbiederung der Lebenswelt unbedingt festgehalten werden. Die Frage, ob sich beispielsweise Politik in Form von Computerspielen vermitteln lasse, dürfte mit Kant klar verneint werden. Die Motivation des Komfortablen, des Zurückgelehnten und Spaßigen steht in direktem Kontrast zu einer strengen prinzipiengeleiteten Maxime.

Die Brisanz und die schiere Unwahrscheinlichkeit der Digitalisierung ist immer wieder aufs Neue vor Augen zu führen. Postdigitale Medienkritik muss sich als Bewegung verstehen, die nicht nur unterschwellige Entwicklungen ins Bewusstsein rückt (wie beispielsweise die versteckten radikalisierenden Kräfte des YouTube-Algorithmus), sondern auch die brachliegenden (die Tablets im Grundschulklassenzimmer). Die Augen und Ohren müssen geschützt werden, zielen die inflationär auf den Menschen niederprasselnden Bilder und die komprimierten Klänge doch aufs Vorbewusste ab statt auf gedankliche Reflexion. Die gestresste, hyperaufmerksame Gesellschaft verfällt irreversibel in einen doppelten Analphabetismus (der eigenen Sprache und der Programmiersprachen) und die Triebökonomie des Einzelnen wird von der Kulturindustrie der Gegenwart noch konzessionsloser in Regie genommen. Denn diese rückt mit Smartphone und Kopfhörer, mit Instagram und GPS immer näher an die Menschen heran und infiltriert ihre intimsten Sphären. Der Online-Kauf, das Computerspiel, der Porno, die intime Kurznachricht, die Kontodaten und die Gehaltsabrechnung, die Familienplanung, die Pränatalfotos und die gefilmte Geburt – alles steht online und wird auf unbestimmte Zeit gespeichert. Hier tun kritische Eingriffe not. Die scheinbar moralisch unbedenklichen GAFA-Programme verlieren vor diesem Hintergrund ihre Harmlosigkeit. Denn der Grad der digitalen Durchdringung korreliert positiv mit den hier dargelegten Dimensionen der Überwachung und Entindividualisierung. Je virtuell aktiver, desto intimer ausspähbar. Je intensiver digitalisiert, desto tiefer verinnerlicht der Algorithmus. Auch hier müssen Fragen gestellt werden. Wie weit will sich der Mensch von den Geräten und Programmen durchdringen lassen? Wo müssen Grenzen gezogen werden? Erst im Zuge einer tiefen Auseinandersetzung lassen sich die Probleme benennen, die einen jeden betreffen.

Der kritische Blick richtet sich mit den hier vorgestellten Überlegungen von außen auf ein Gefüge, das den Menschen prinzipiell zum permanent überwachten Anwender der Programme degradiert. Ein Anwender, der sich über die Geräte in nie zuvor gekanntem Maße in einen medialen Betrieb einspeist, in dem er wie alle anderen auch mit identischen Programmen und Apparaten auf identische Art und Weise kommuniziert. Die Programme und Apparate werden hier nicht per se als schlecht dargestellt. Sie *müssen* aber einer strengen Kritik unterzogen werden. Denn ihre freie Nutzung ist eine Illusion. »Dieser Illusion gibt sich der homo technicus nur deshalb hin, weil er das Bedürfnis hat, angesichts seines täglich akkumulierenden und ihm über den Kopf wachsenden Geräteparks ein gutes Gewissen zu bewahren. Aber dass wir Freiheit gegenüber den von uns gebauten Geräten aufrechterhalten und die Weisen ihrer Verwendung auswählen oder bestimmen können, ist einfach unwahr. Wahr ist vielmehr, dass jeder Apparat, wenn er erstmal da ist, durch die bloße Tatsache seines Funktionierens bereits eine Weise seiner Verwendung ist; dass jedes Gerät durch die Tatsache seiner speziellen Arbeitsleistung immer schon eine (sozial, moralisch und politisch) präjudizierende Rolle spielt. Und wahr ist schließlich, dass wir von jedem Gerät, gleich wofür wir es zu verwenden vorhaben oder einzusetzen wähnen, ja gleich, innerhalb welches politisch-wirtschaftlichen Systems wir uns seiner bedienen, immer schon geprägt werden, da jedes immer schon ein bestimmtes Verhältnis zwischen uns und den Mitmenschen, zwischen uns und den Dingen, zwischen den Dingen und uns voraussetzt oder ›setzt‹«[246].

Der gegenwärtige, zur Normalität avancierte Gerätepark beinhaltet gleich eine ganze Reihe von (persuasiven) Verhaltensänderungen, die uns noch lange erhalten bleiben werden. Sie müssen hinterfragt werden. Postdigitale Medienkritik ermöglicht die hierfür notwendige Distanz. Sie schärft den Blick auf den alles andere als selbstverständlichen, feinpixeligen »Spuk«, den »traumlosen Traum« im »Always-on«-Modus. Sie verweist auf das fundamental Andere, Nichtidentische. Sie ist ein Aufruf dazu, das nicht vom Medium zur Verfügung Gestellte zu denken.

Literatur

Adorno, Theodor W.: Gesammelte Schriften in 20 Bänden. Frankfurt a. M. 2003.
- Theorie der Halbbildung (Einzelausgabe). Frankfurt a. M. (1959) 2006.
- Erziehung zur Mündigkeit. Frankfurt a. M. 1971.
- /Horkheimer, Max: Dialektik der Aufklärung. Philosophische Fragmente. Frankfurt a. M. 2011.

Anders, Günther: Antiquiertheit des Menschen I. München 1994.
- Antiquiertheit des Menschen II. München 1988.
- Ketzereien. München 1996.

unter dem Namen Günther Stern:
- Philosophische Untersuchungen über musikalische Situationen. Wien 1930/31. (Typoskript aus dem Nachlass Günther Anders. Literaturarchiv der Österreichischen Nationalbibliothek 237/04)
- Die Weltfremdheit des Menschen (unveröffentlichtes Typoskript), 1930. Zit. nach Konrad Paul Liessmann: Günther Anders – Philosophieren im Zeitalter der technologischen Revolutionen. München 2002.
- »Pathologie de la Liberté. Essais sur la Non-identification«, in: Recherches Philosophiques, Vol. VI, 22–54. Paris, 1936/37. Zit. nach Liessmann, Konrad Paul: Günther Anders – Philosophieren im Zeitalter der technologischen Revolutionen. München 2002.

Anderson, Chris: The End of Theory: The Data Deluge Makes the Scientific Method Obsolete, 2008, unter: http://www.wired.com/2008/06/pb-theory/ [28.10.2020].

Apple-App-Store-Webauftritt unter: https://developer.apple.com/app-store/categories/ [29.10.2020].

Arendt, Hannah: Wahrheit und Lüge in der Politik. München 1972.
- Vita Activa oder Vom tätigen Leben. München 1993.
- Die Banalität des Bösen. München 1995.

Baudrillard, Jean: Agonie des Realen. Berlin 1979.

Beckett, Lois: Why parents in a school district near the CIA are forcing tech companies to erase kids' data, erschienen am 5.12.2019 unter:

https://www.theguardian.com/education/2019/dec/05/schools-monitor-students-online-activity [28.10.2020].
Benjamin, Walter: Das Kunstwerk im Zeitalter seiner technischen Reproduzierbarkeit. Frankfurt a.M. 2002.
Bild Online: https://www.bild.de/video/clip/polizeigewalt/live-freund-erschossen-46687572.bild.html [Zugriff am 15.9.2020].
Billeter, Bernhard/Dominik Sackmann (Hg.): Musiktheorie und musikalische Praxis: Gesammelte Aufsätze. Die Musik in Hegels Ästhetik. Bern 2004.
Blackmore, Sue: A Great Internet Meme's Never Gonna Give You Up, unter: https://www.theguardian.com/commentisfree/2011/mar/18/internet-meme-never-gonna-give-you-up [29.10.2020].
Boyd, Danah: It's Complicated: The Social Lives of Networked Teens. Yale 2014.
Bulgakow, Michail: Arztgeschichten. München 2009.
Bunz, Mercedes: Die stille Revolution. Wie Algorithmen Wissen, Arbeit, Öffentlichkeit und Politik verändern, ohne dabei viel Lärm zu machen. Frankfurt a. M. 2012.
Clark, Andy/David Chalmers: The Extended Mind. Erstveröffentlicht in Analysis 58:10-23, 1998. Reprinted in (P. Grim, ed.) The Philosopher's Annual, vol. XXI. Stanford, 1998. Einsehbar unter: http://consc.net/papers/extended.html [28.10.2020].
Cukier, Kenneth, im Interview mit The Economist, unter: http://www.economist.com/node/15557443 [28.10.2020].
Currier, Joel: Smartphone Holdouts Have Their Reasons for Defying High-Tech Trend, 2012, unter: http://phys.org/news/2012-11-smartphone-holdouts-defying-high-tech-trend.html [27.10.2020].
Ebert, Theodor: Meinung und Wissen in der Philosophie Platons. Berlin 1974.
Ellensohn, Reinhard: Der andere Anders. Günther Anders als Musikphilosoph. Frankfurt a. M. 2008.
Erikson: Identität und Lebenszyklus. Frankfurt a. M. 1973.
Flusser, Vilém: Alphanumerische Gesellschaft, 1989. In: Der Flusser-Reader. Zu Kommunikation, Medien und Design. Mannheim 1996.
– Das Ultimatum des Bildes, 1991. In: Der Flusser-Reader. Zu Kommunikation, Medien und Design. Mannheim 1996.
Foucault, Michel: Überwachen und Strafen. Frankfurt a. M. 1993.
Fogg, BJ am 11.09.2019 via Twitter unter: https://twitter.com/bjfogg/status/1171883692488183809 [26.10.2020].
– Persuasive Technology: Using Computers to Change What We Think and Do. San Francisco 2003.

Frevert, Ute: Die Macht der Demütigung. In: Max Planck Forschung. Wissenschaftsmagazin der Max-Planck-Gesellschaft. 4/2017. Berlin 2017.

Füller, Christian: Der ungleiche Kampf um die Datenwolken der Schüler, veröffentlicht am 4.2.2020 unter: https://uebermedien.de/45735/der-ungleiche-kampf-um-die-datenwolken-der-schueler/ [28.10.2020].

Goethe, Johann Wolfgang von: Torquato Tasso – Ein Schauspiel. Stuttgart (1816) 1948.

Grau, Oliver/Andreas Keil: Mediale Emotion. Frankfurt a. M. 2005.

Groll, Tina: Immer weniger Arbeitnehmer sind organisiert, die Zahlen zu Gewerkschaftsmitgliedern im Jahre 2014, unter: http://www.zeit.de/karriere/2014-10/gewerkschaften-mitglieder-weltweit [29.10.2020].

Habermas, Jürgen: Strukturwandel der Öffentlichkeit. Frankfurt a. M. 2000.

– Kants Idee des Ewigen Friedens – aus dem historischen Abstand von 200 Jahren, in: Kritische Justiz 28. Baden-Baden 1995.

Hämmerle, Tobias: Die zeitgenössische Flugblatt-Propaganda zu Gustav Adolf von Schweden (1630–1635), 2016, unter: http://othes.univie.ac.at/43229/ [Zugriff am 15.9.2020].

Han, Byung-Chul: Psychopolitik. Neoliberalismus und die neuen Machttechniken. Frankfurt a. M. 2015.

Haustein-Teßmer, Oliver/Lars Winckler: Wie MP3 die Qualität der Musik zerstört hat. 2008. unter: www.welt.de/wirtschaft/webwelt/article1721723/Wie-MP3-die-Qualitaet-der-Musik-zerstoert-hat.html [29.10.2020].

Hegel, Georg Wilhelm Friedrich: Phänomenologie des Geistes. Frankfurt a. M. 1998.

– Wissenschaft der Logik. Frankfurt a. M. 1986.

– Ästhetik I–III. Frankfurt a. M. 1986.

Helmes, Günter/Werner Köster: Texte zur Medientheorie. Stuttgart 2004.

Herder, Johann Gottfried: Abhandlung über den Ursprung der Sprache. Hamburg 1964.

Hibbeln, Martin/Jeffrey Jenkins/Christoph Schneider/Joseph Valacich/Markus Weinmann: How Is Your User Feeling? Inferring Emotion Through Human-Computer Interaction Devices. MIS Quarterly. 41. 10.25300/MISQ/2017/41.1.01.

Hickethier, Knut: Die kulturelle Bedeutung medialer Emotionserzeugung. In: Anne Bartsch/Jens Eder/Kathrin Fahlenbrach (Hg.): Au-

diovisuelle Emotionen. Emotionsdarstellung und Emotionsvermittlung durch audiovisuelle Medienangebote. Köln 2007.
Honneth, Axel: Verdinglichung. Eine anerkennungstheoretische Studie. Frankfurt a. M. 2005.
Husserl, Edmund: Cartesianische Meditationen und Pariser Vorträge. Husserliana I, Den Haag 1950.
Jüngling, Thomas: Warum uns komprimierter Digitalklang so nervt, 2013, unter: http://www.welt.de/wissenschaft/article120646901/Warum-uns-komprimierter-Digitalklang-so-nervt.html [29.10.2020].
Kant, Immanuel: Über den Gemeinspruch: Das mag in der Theorie richtig sein, taugt aber nicht für die Praxis. Hamburg 1992.
– Kritik der reinen Vernunft. Stuttgart 1990.
– Grundlegung zur Metaphysik der Sitten. Stuttgart 1986.
KeineBildungohneMedien! – Online Auftritt unter: https://www.keine-bildung-ohne-medien.de [4.11.2020].
Kelty, Chris: Conceiving Open Systems. Washington, 2009, unter: http://openscholarship.wustl.edu/cgi/viewcontent.cgi?article=1107&context=law_journal_law_policy [Zugriff am 5.11.2020].
Kittler, Friedrich: Optische Medien. Berliner Vorlesungen. Berlin 1999.
Krums, Janis: Tweet unter: https://twitter.com/jkrums/status/ 1121915133?lang=de [29.10.2020].
Kucklick, Christoph: Die granulare Gesellschaft: Wie das Digitale unsere Wirklichkeit auflöst. Berlin 2016.
Lanier, Jaron, im Interview mit Mathias Müller von Blumencron, unter: www.faz.net/aktuell/feuilleton/debatten/die-digital-debatte/internet-vordenker-jaron-lanier-im-gespraech-13679623.html [27.10.2020]).
Latour, Bruno: Achtung: Ihre Phantasie hinterlässt digitale Spuren! In: Heinrich Geiselberger/Tobias Moorstedt (Hg.): Big Data. Das neue Versprechen der Allwissenheit. Frankfurt a. M. 2013.
Levinson, Barry, Regisseur und Produzent des Films »Wag the Dog«, zitiert nach dem dokumentarischen Hintergrundmaterial »Von Washington nach Hollywood« der DVD »Wag the Dog«, erschienen bei Concorde Home Entertainment, produziert von Mark Rance; Min. 23, Sek. 30.
Liessmann, Konrad Paul: Günther Anders – Philosophieren im Zeitalter der technologischen Revolutionen. München 2002.
– Die großen Philosophen und ihre Probleme. Wien 2003.
– Theorie der Unbildung: die Irrtümer der Wissensgesellschaft. Wien 2009.
– Das Universum der Dinge. Zur Ästhetik des Alltäglichen. Wien 2010.

Lietzmann, Anja: Theorie der Scham. Eine anthropologische Perspektive auf ein menschliches Charakteristikum. Tübingen 2003.
Ludovico, Alessandro, in dem Dokumentarfilm »The Story of the Technoviking«, unter: https://vimeo.com/139356305 ab Min. 34:04. [24.10.2020].
Luhmann, Niklas: Realität der Massenmedien. Wiesbaden 1995
Lukács, Georg: Geschichte und Klassenbewußtsein. München 1970.
Mainzer, Klaus: Die Berechnung der Welt. Von der Weltformel zu Big Data. München 2014.
Marx, Karl: Das Kapital. Köln 2009.
McLuhan, H. Marshall: Die magischen Kanäle – Understanding Media. München (1964) 2001.
– Das Medium ist die Botschaft. Hamburg 2001.
Morozov, Evgeny: Smarte Neue Welt. Digitale Technik und die Freiheit des Menschen. München 2013.
– Eine humane Gesellschaft durch digitale Technologien? Frankfurt a. M. 2016.
Müller-Doohm, Stefan: Die Soziologie Theodor W. Adornos: Eine Einführung. Frankfurt a.M. 2001.
Mumford: Technics and Civilization. Chicago 1963.
Musyal, Stegemann: Die rechte Mobilmachung: Wie radikale Netzaktivisten die Demokratie angreifen. Berlin 2020.
Nachtwey, Oliver: Abstiegsgesellschaft. Über das Aufbegehren der regressiven Moderne. Frankfurt a. M. 2016.
Nadella, Satya im Spiegel-Interview: Mitten in der Zeitenwende, S. 64. Spiegel (Print) 42/2016.
Nietzsche, Friedrich: Jenseits von Gut und Böse, Zur Genealogie der Moral. Frankfurt a. M. 1980.
– Der Wille zur Macht. Paderborn 1980.
Nittono, Kuribayashi: High Resolution Audio with Inaudible High-Frequency Components Induces a Relaxed Attentional State without Conscious Awareness. In: Music and the Functions of the Brain: Arousal, Emotions and Pleasure, 2018.
Ovid: Metamorphosen XII. Stuttgart 1986.
Pauli, Markus: Fette Beats und dünne Daten. Die Geschichte von MP3. Stuttgart 2014. Zit. nach Peter Schmitt: Medienkritik zwischen Anthropologie und Gesellschaftstheorie. Zur Aktualität von Günther Anders und Theodor W. Adorno. Paderborn 2020.
Picot, Arnold: Digital Rights Management. Berlin/Heidelberg 2003.
Platon: Theaitetos. Übersetzt und herausgegeben von Ekkehard Martens. Stuttgart 2003.

Postman, Neil: Die zweite Aufklärung. Vom 18. ins 21. Jahrhundert. Berlin 1999.
Prentice, Matt, 2019, in der Dokumentation »Schellack – Eine schwarze Scheibe verändert die Welt« von Dagmar Brendecke.
Preston, Gralla, 2011, unter: www.computerworld.com/article/2471512/microsoft-windows/bill-gates----i-helped-steve-jobs-create-the-mac.html [27.10.2020].
Restle, Georg: Stürmische Zeiten – Was dürfen Medien? unter: https://www1.wdr.de/daserste/monitor/interaktiv/blog-was-duerfen-medien-100.html [29.10.2020].
Rössler, Patrick: »Agenda-Setting«. Theoretische Annahmen und empirische Evidenzen einer Medienwirkungshypothese. Opladen 1997.
Sahinol, Melike: Das techno-zerebrale Subjekt. Zur Symbiose von Mensch und Maschine in den Neurowissenschaften. Bielefeld 2016.
Sartre, Jean-Paul: Das Sein und das Nichts. Berlin 2003.
– Geschlossene Gesellschaft. Frankfurt a. M. 1986.
Schirrmacher, Frank: Der verwettete Mensch. In: Heinrich Geiselberger/Tobias Moorstedt (Hg.): Big Data. Das neue Versprechen der Allwissenheit. Frankfurt a. M. 2013.
Schmidt, Eric, 2009, Zitiert nach Laura Meschede: Im Raster, 2018, unter: http://www.faz.net/aktuell/politik/inland/dass-wir-ueberwacht-werden-ist-klar-aber-von-wem-und-wie-eine-spurensuche-15445555.html [27.10.2020].
Schmidt, Anne-Sophie: Die neuen Rechten sind nur ein paar Mausklicks entfernt, unter: https://www.fu-berlin.de/campusleben/campus/ 2019/190724-gsa-johannes-von-moltke/index.html [29.10.2020].
Schopenhauer, Arthur: Handschriftlicher Nachlass (zit. nach Julius Frauenstädt: Schopenhauer-Lexikon. Ein philosophisches Wörterbuch nach Arthur Schopenhauers sämtlichen Schriften und handschriftlichem Nachlaß. Frankfurt a. M. 1871.
Schrems, Max im Interview mit der Tagesschau am 16.7.2020 unter: https://www.tagesschau.de/ausland/eugh-datentransfer-schrems-101.html [29.10.2020].
Sindermann, Frank: Gamification oder nur ein weiteres Bewertungssystem? Classcraft im Klassenzimmer, unter: https://www.bpb.de/lernen/digitale-bildung/werkstatt/236427/gamification-oder-nur-ein-weiteres-bewertungssystem-classcraft-im-klassenzimmer [29.10.2020].
Sontag, Susan: On Photography. New York 1977.
Spiegel Online: Neue Studentengeneration – Hauptfach Egoismus, 2014, unter http://www.spiegel.de/lebenundlernen/uni/studie-studenten-

sind-unpolitisch-und-konsumorientiert-a-999294.html [29.10.2020].
Statista: https://de.statista.com/statistik/daten/studie/165834/umfrage/taegliche-nutzungsdauer-von-medien-in-deutschland/ [29.10.2020].
Taureck, Bernhard H. F.: Die Sophisten. Wiesbaden 1995.
Tönnies, Ferdinand: Gemeinschaft und Gesellschaft. Grundbegriffe der reinen Soziologie. Darmstadt 2005.
Trimmel, Michael: Einführung in die Psychologie 02. Motivation, Emotion und Lernprinzipien. Berlin 2015.
Tufekci, Zeynep: YouTube, the Great Radicalizer, 2018, unter: https://www.nytimes.com/2018/03/10/opinion/sunday/youtube-politics-radical.html [29.10.2020].
Volksstimme Online: »Medienkritik: Trump verteilt Fake-News-Awards«, unter: https://www.volksstimme.de/deutschland-welt/politik/medienkritik-trump-verteilt-fake-news-awards [26.10.2020].
Weinberger: Too Big to Know: Rethinking Knowledge Now that the Facts aren't Facts. Experts are Everywhere, and the Smartest Person in the Room Is the Room. New York 2012.
Weizenbaum: Die Macht der Computer und die Ohnmacht der Vernunft. Frankfurt a. M. 1978.
Wittgenstein, Ludwig: Tractatus logico-philosophicus. Logisch-philosophische Abhandlung, Frankfurt a. M. 1986.
Wolfram Alpha Online: https://www.wolframalpha.com [29.10.2020].
Zimmer, Hans, 2014 im Interview im Dokumentarfilm »Distortion of Sound« unter: https://www.youtube.com/watch?v=mDZcz-V29_M [25.9.2020] ab Minute 2:05.
Slavoj Žižek: Corporate Rule of Cyberspace. The arrival of cloud computing is a time for more scrutiny of the entities that direct our virtual lives, unter: https://www.insidehighered.com/views/2011/05/02/corporate-rule-cyberspace [26.10.2020].
– Ärger im Paradies. Vom Ende der Geschichte zum Ende des Kapitalismus. Frankfurt a. M. 2015.
Zuckerberg, Mark, zit. nach Ursula Scheer, Tod vor Publikum, unter: http://www.faz.net/aktuell/feuilleton/medien/auf-facebook-wurden-die-schuesse-von-dallas-live-uebertragen-14335723.html [29.10.2020].

Anmerkungen

1 BJ Fogg am 11.09.2019 via Twitter unter: https://twitter.com/bjfogg/status/ 1171883692488183809 [26.10.2020]. »Im Jahr 2020 wird eine ›postidigitale‹ Bewegung entstehen. Wir werden allmählich begreifen, dass der übermäßige Smartphone-Gebrauch zu statusniederem Verhalten gehört, wie das Rauchen«.

2 Matt Prentice 2019 in der Dokumentation »Schellack – Eine schwarze Scheibe verändert die Welt«, von Min. 3.10 bis 3.33.

3 Ebd., von Min. 46.26 bis 46.36.

4 Vgl. exemplarisch: »Medienkritik: Trump verteilt Fake-News-Awards«, unter: https://www.volksstimme.de/deutschland-welt/politik/medienkritik-trump-verteilt-fake-news-awards [26.10.2020].

5 Theodor W. Adorno: Negative Dialektik (Gesammelte Schriften, Bd. 6 [im Folg.: GS 6], S. 344.

6 Ebd., S. 337.

7 Theodor W. Adorno: Prolog zum Fernsehen. Kulturkritik und Gesellschaft II (GS 10), S. 507.

8 Theodor W. Adorno/Max Horkheimer: Dialektik der Aufklärung, S. 164.

9 Ebd., S. 139.

10 Theodor W. Adorno: Spätkapitalismus oder Industriegesellschaft? In: Soziologische Schriften I (GS 8), S. 369.

11 Evgeny Morozov: Eine humane Gesellschaft durch digitale Technologien?, S. 24.

12 Vgl. Slavoj Žižek: Ärger im Paradies. Vom Ende der Geschichte zum Ende des Kapitalismus, S. 82 ff.

13 Slavoj Žižek: Corporate Rule of Cyberspace. The arrival of cloud computing is a time for more scrutiny of the entities that direct our virtual lives, unter: https://www.insidehighered.com/views/2011/05/02/corporate-rule-cyberspace [26.10.2020].

14 Michel Foucault: Überwachen und Strafen, S. 228 f.

15 Alessandro Ludovico in dem Dokumentarfilm »The Story of the Technoviking«, unter: https://vimeo.com/139356305 ab Min. 34:04. [24.10.2020].

16 Chris Kelty: Conceiving Open Systems. Washington, 2009, unter: http://openscholarship.wustl.edu/cgi/viewcontent.cgi?article=1107&context=law_journal_law_policy [5.11.2020], S. 139.

17 Ebd.

18 Vgl. Andreas Keil: Multivariante Emotionspsychologie, S. 146.

19 Vgl. Andreas Keil/Jens Eder: Audiovisuelle Medien und neuronale Netzwerke, S. 236.

20 Oliver Grau/Andreas Keil: Mediale Emotionen, S. 14.

21 Knut Hickethier: Die kulturelle Bedeutung medialer Emotionserzeugung, S. 121.

22 Günther Anders: Die Antiquiertheit des Menschen, Bd. I, S. 153.

23 »We examine the efficacy of using mouse cursor movements to infer negative emotion, providing a method for unobtrusive and mass-deployable emotion assessment. For example, one could record mouse cursor movements as users interact with a website without interfering with their interaction. System designers can then identify segments of the interaction that are inducing negative emotion by analyzing these mouse cursor movements. Designers can use this information to better understand where to make system improvements. Further, if mouse cursor movements can be used to infer negative emotion, a system can automatically detect when one is likely experiencing a negative emotional reaction and intervene to alleviate the negative reaction, such as by providing users opportunities to express their concerns (Klein et al. 2002), apologetic statements (Tzeng 2004), compensation (Smith et al. 1999), or explanations (Kuo et al. 2011)«. Zit. nach Martin Hibbeln/Jeffrey Jenkins/Christoph Schneider/Joseph Valacich/Markus Weinmann: How Is Your User Feeling? Inferring Emotion Through Human-Computer Interaction Devices, S. 2.

24 Erik H. Erikson: Identität und Lebenszyklus, S. 79.

25 Jean-Paul Sartre: Das Sein und das Nichts, S. 381.

26 Adorno: Kulturkritik und Gesellschaft II (GS 10), S. 713.

27 Georg Lukács: Geschichte und Klassenbewusstsein, S. 505.

28 Karl Marx: Das Kapital, S. 86.

29 Axel Honneth: Verdinglichung. Eine anerkennungstheoretische Studie, S. 20.

30 Ebd., S. 24.

31 Günther Anders: Die Antiquiertheit des Menschen I, S. 24f.

32 Vgl. Ute Frevert: Die Macht der Demütigung, S. 10. Die renommierte Emotionsforscherin spricht von all-gegenwärtiger Beschämung, »vor allem im Internet«.

33 Anja Lietzmann: Theorie der Scham, S. 199.
34 Adorno/Horkheimer: Dialektik der Aufklärung, S. 274.
35 Anders: Die Antiquiertheit des Menschen I, S. 23.
36 Nigel Thrift: Movement-Space: The Changing Domain of Thinking Resulting from the Development of new kinds of Spatial Awareness, S. 584 f.
37 Konrad Paul Liessmann: Das Universum der Dinge, S. 11 f.
38 Ebd., S. 12.
39 Melike Sahinol: Zur Symbiose von Mensch und Maschine in den Neurowissenschaften, S. 68 ff.
40 Erich Hörl: Die technologische Bedingung. Beiträge zur Beschreibung der technischen Welt, S. 31.
41 Ebd., S. 33.
42 Friedrich Kittler: Optische Medien, S. 294.
43 Ebd., S. 297.
44 Vilém Flusser: Alphanumerische Gesellschaft, S. 50.
45 Anders: Antiquiertheit des Menschen II, S. 113.
46 Lewis Mumford: Mythos der Maschine. Kultur, Technik und Macht, S. 596.
47 Adorno, Horkheimer: Dialektik der Aufklärung, S. 212, 156 und 165.
48 Anders: Antiquiertheit des Menschen II, S. 428.
49 Anders: Antiquiertheit des Menschen I, S. 41.
50 Ebd.
51 Foucault: Überwachen und Strafen, S. 258 f.
52 Ebd., S. 260.
53 Zitiert nach Laura Meschede: Im Raster, 2018, unter: http://www.faz.net/aktuell/politik/inland/dass-wir-ueberwacht-werden-ist-klar-aber-von-wem-und-wie-eine-spurensuche-15445555.html [27.10.2020].
54 Foucault: Überwachen und Strafen, 1994, S. 265 f.
55 Ebd., S. 267 f.
56 Ebd., S. 268.
57 Vgl. die »Affordanzen« der »networking teens« nach Danah Boyd: It's Complicated: The Social Lives of Networked Teens, S. 11.
58 Nietzsche: Jenseits von Gut und Böse, S. 81.
59 Joseph Weizenbaum: Die Macht der Computer und die Ohnmacht der Vernunft, S. 160.
60 Jaron Lanier 2015 im Interview mit Mathias Müller von Blumencron, unter: www.faz.net/aktuell/feuilleton/debatten/die-digital-debatte/internet-vordenker-jaron-lanier-im-gespraech-13679623.html [27.10.2020]).
61 Ebd.
62 Ebd.

63 Flusser: Alphanumerische Gesellschaft, S. 51.

64 Immanuel Kant: Über den Gemeinspruch: Das mag in der Theorie richtig sein, taugt aber nicht für die Praxis, S. 145.

65 Satya Nadella im Spiegel-Interview: Mitten in der Zeitenwende, Spiegel (Print) 42/2016, S. 64.

66 Anders: Antiquiertheit des Menschen I, S. 2.

67 Ebd., S. 172.

68 Siehe https://developer.apple.com/app-store/categories/ [29.10.2020].

69 Ebd.

70 Vgl. Adorno/Horkheimer: Dialektik der Aufklärung, S. 141. Der »Smartphone Holdout« gilt heute als feststehende Bezeichnung für den Verweigerer des tragbaren Minicomputers. Als Typus gilt er als einkalkulierte Größe im Bereich Wirtschaft/Technologie. Siehe exemplarisch Joel Currier, 2012, unter: http://phys.org/news/2012-11-smartphone-holdouts-defying-high-tech-trend.html [27.10.2020]. Eric Schmidt, der ehemalige Google-Chef, sagte bereits 2013 »Listen voraus [...], durch welche diejenigen, die nicht mitmachen und das Opt-out wählen, gerade verdächtig werden«. Frank Schirrmacher: Der verwettete Mensch, S. 277.

71 Adorno/Horkheimer: Dialektik der Aufklärung, S. 131.

72 Zur Geschichte von Microsoft und Apple vgl. exemplarisch Gralla Preston unter: www.computerworld.com/article/2471512/microsoft-windows/bill-gates----i-helped-steve-jobs-create-the-mac.html [27.10.2020].

73 Adorno/Horkheimer: Dialektik der Aufklärung, S. 128.

74 Ebd., S. 129.

75 Jean-Paul Sartre: Geschlossene Gesellschaft, S. 61.

76 Anders nimmt mit seinen Konzepten der Unfestgelegtheit und Weltfremdheit einiges vom Existentialismus Sartres vorweg. Insbesondere mit den Aufsätzen »Une Interprétation de l'Aposteriori« und »Pathologie de la Liberté« antizipiert Anders einen Großteil des späteren Freiheitsbegriffs bei Sartre (vgl. Liessmann, Günther Anders – Philosophieren im Zeitalter der technologischen Revolutionen, S. 31 ff.).

77 Ebd., S. 31 f.

78 Anders: Die Weltfremdheit des Menschen, S. 11 (zit. nach Liessmann: Günther Anders, S. 32).

79 Ebd.

80 Anders (damals noch unter dem Namen Stern) spricht in einem seiner ganz frühen Vorträge unter dem Titel »Pathologie de la Liberté« davon, dass dem Menschen eine apriorische Form der Unspezifizität

zukomme. »Künstlichkeit ist die Natur des Menschen und sein Wesen ist die Unbeständigkeit«. Günther Stern: Pathologie de la Liberté, 1936, S. 22 (zit. nach Liessmann: Günther Anders, S. 37).

81 Anders: Antiquiertheit des Menschen II, S. 424.

82 Anders hatte in seiner Zeit in den USA in verschiedenen Fabriken arbeiten müssen, um sich über Wasser zu halten. Gerade die Erfahrungen in Fabriken eröffneten ihm den für seine Technikkritik so charakteristischen, eindringlichen Blick auf die technischen Entwicklungen seiner Zeit.

83 Anders: Antiquiertheit II, S. 424.

84 Ebd.

85 Michail Bulgakow: Arztgeschichten, S. 13.

86 Ebd., S. 39.

87 Ebd., S. 41.

88 Ebd., S. 44.

89 Duden, 1985, S. 760.

90 Wahrig-Lexikon, 1986, S. 1441.

91 Platon: Theaitetos, S. 68.

92 Vgl. ebd., S. 38.

93 Bernhard H. F. Taureck: Die Sophisten, S. 98-99.

94 Sextus Empiricus, zitiert nach Taureck, Sophisten, S. 102.

95 Ebd.

96 Platon: Theaitetos, 2003, S. 67.

97 Ebd., S. 72.

98 Ebd., S. 73.

99 Theodor Ebert weist in seinen Platon-Studien darauf hin, »dass gerade jene Stellen im Werk Platons, die man bislang immer für Aussagen über die Ideenmetaphysik gehalten hatte, gar nicht die Theorie formulieren wollen, die aus ihnen herausgelesen wurde. In der eigentümlich indirekten Mitteilungsform des sokratischen Gesprächs wurden sie vielmehr als eine Theorie des Erkennens und Wissens formuliert, die jedoch nicht primär an der Frage der Herkunft der in der Erkenntnis benutzten Begriffe, nach den apriorischen oder empirischen Elementen des Wissens orientiert ist, sondern an der Frage nach den Bedingungen des Übergangs von der bloßen Meinung zum Wissen. Dabei besteht die Originalität dieser Fragestellung wiederum darin, dass Platon dem Wissen nicht eine Vielzahl von Formen des Irrtums gegenübergestellt sieht, sondern ihm einen Opponenten in jener Meinung gibt, die zu wissen meint, was das Wissen ist, die Wissen unhinterfragt nach dem Modell des Kennens und wahrnehmbarer Objekte versteht. Jene für das griechische vierte Jahrhundert so

archaisch anmutende These der ›Wiedererinnerung‹ des Wissens ließ sich nun ebenso als eine metaphorische Darstellung des Weges von einem vermeintlichen Wissen zur Einsicht verstehen wie die Parabel von Gefangenschaft und Befreiung im Höhlengleichnis«. Theodor Ebert: Meinung und Wissen in der Philosophie Platons, S. 210.

100 Platon: Theaitetos, S. 99.

101 Ebd., S. 113.

102 Ebd.

103 Adorno: Negative Dialektik (GS 6), S. 51.

104 Ebd.

105 Postman: Die zweite Aufklärung. 1999, S. 113.

106 Lewis Mumford: Technics and Civilization, S. 16.

107 Susan Sontag: On Photography, S. 22.

108 Jean Baudrillard: Agonie des Realen, S. 9.

109 Mercedes Bunz: Die stille Revolution, S. 61 f.

110 Vgl. Hannah Arendt: Wahrheit und Lüge in der Politik, S. 84.

111 Bunz: Die stille Revolution, S. 31.

112 Ebd., S. 32.

113 Ebd. S. 15.

114 Vgl.: https://www.wolframalpha.com [29.10.2020].

115 Christoph Kucklick: Die granulare Gesellschaft, S. 197.

116 Ebd.

117 Ebd., S. 198.

118 David Weinberger: Too Big to Know: Rethinking Knowledge Now that the Facts aren't Facts. Experts are Everywhere, and the Smartest Person in the Room Is the Room, S. 17.

119 Vgl. Michael Trimmel: Einführung in die Psychologie, S. 39.

120 Chris Anderson: The Difference Between Online Knowledge and Truly Open Knowledge (zit. nach Morozov: Smarte Neue Welt, S. 76).

121 Evgeny Morozov: Smarte Neue Welt, S. 76.

122 Siehe exemplarisch den unter Netzeuphorikern zum Kult avancierten Aufsatz »Extended Mind« von Andy Clark und David J. Chambers unter: http://consc.net/papers/extended.html [28.10.2020].

123 Kucklick: Die granulare Gesellschaft, S. 200.

124 Klaus Mainzer: Die Berechnung der Welt. Von der Weltformel zu Big Data, 2014, S. 21.

125 Kenneth Cukier im Interview mit The Economist, unter: http://www.economist.com/node/15557443 [28.10.2020].

126 Mainzer: Die Berechnung der Welt, S. 17.

127 Ebd., S. 18.

128 Adorno: Minima Moralia (GS 4), S. 270.

129 Bruno Latour: Achtung: Ihre Phantasie hinterlässt digitale Spuren!, S. 119.
130 Chris Anderson: The End of Theory: The Data Deluge Makes the Scientific Method Obsolete, 2008, unter: http://www.wired.com/2008/06/pb-theory/ [28.10.2020].
131 Theodor W. Adorno: Theorie der Halbbildung, S. 23.
132 Wilhelm von Humboldt: Schriften zur Politik und zum Bildungswesen, S. 257 f. (zit. nach Konrad Paul Liessmann, Theorie der Unbildung: Die Irrtümer der Wissensgesellschaft, S. 118.)
133 Stefan Müller-Doohm: Die Soziologie Theodor W. Adornos: Eine Einführung, S. 143.
134 Friedrich Nietzsche: Der Wille zur Macht, S. 87.
135 Adorno: Marginalien zu Theorie und Praxis. In: Kulturkritik und Gesellschaft II (GS 10), S. 761.
136 Adorno: Theorie der Halbbildung, S. 31.
137 Ebd.
138 Theodor W. Adorno: Minima Moralia (GS 4), S. 23.
139 Walter Benjamin: Das Kunstwerk im Zeitalter seiner technischen Reproduzierbarkeit, S. 17.
140 Liessmann: Theorie der Unbildung, S. 150.
141 Christian Füller: Der ungleiche Kampf um die Datenwolken der Schüler, veröffentlicht am 4.2.2020 unter: https://uebermedien.de/45735/der-ungleiche-kampf-um-die-datenwolken-der-schueler/ [28.10.2020].
142 Lois Beckett: Why parents in a school district near the CIA are forcing tech companies to erase kids' data, erschienen am 5.12.2019 unter: https://www.theguardian.com/education/2019/dec/05/schools-monitor-students-online-activity [28.10.2020].
143 Füller: Der ungleiche Kampf um die Datenwolken der Schüler.
144 Vgl.: https://www.keine-bildung-ohne-medien.de [4.11.2020].
145 Adorno: Prolog zum Fernsehen. In: Kulturkritik und Gesellschaft II (GS 10), S. 507.
146 Vgl. Anders: Die Antiquiertheit des Menschen I, S. 171 ff.
147 Georg Wilhelm Friedrich Hegel: Phänomenologie des Geistes, S. 579.
148 Immanuel Kant: Kritik der reinen Vernunft, S. 5.
149 Ebd., S. 21.
150 Günter Helmes/Werner Köster: Texte zur Medientheorie, S. 15.
151 Ebd.
152 Marshall McLuhan: Die magischen Kanäle – Understanding Media. S. 176.
153 Adorno: Negative Dialektik (GS 6), S. 175.

154 Ebd., S. 27.
155 Ebd., S. 21.
156 Ludwig Wittgenstein: Tractatus logico-philosophicus. Logisch-philosophische Abhandlung, S. 7.
157 Konrad Paul Liessmann: Die großen Philosophen und ihre Probleme, S. 89.
158 Hegel: Wissenschaft der Logik, S. 73.
159 Liessmann: Die großen Philosophen und ihre Probleme, S. 90; Georg Wilhelm Friedrich Hegel: Wissenschaft der Logik, S. 82.
160 Ebd., S. 54.
161 Ebd.
162 Ebd., S. 241.
163 Ebd. Die hier zitierte Passage ist eine deutliche Anspielung auf die in Goethes Tasso-Drama dem Helden in den Mund gelegte Äußerung: »Und wenn der Mensch in seiner Qual verstummt, / gab mir ein Gott zu sagen, was ich leide« (Goethe: Torquato Tasso – Ein Schauspiel, 1816, S. 221). Das eigene Leid Sprache werden zu lassen, ist hier Vorrecht des Dichters. Der Dichter verhält sich bei Goethe zur Menschheit wie bei Anders der Mensch zur Tierheit.
164 Günther Anders: Ketzereien, S. 241.
165 McLuhan: Das Medium ist die Botschaft, 2001, S. 111 f.
166 Johann Gottfried Herder: Abhandlung über den Ursprung der Sprache, S. 122.
167 Nietzsche: Über Wahrheit und Lüge im außermoralischen Sinne, S. 15.
168 Vilém Flusser: Das Ultimatum des Bildes, S. 89.
169 Ebd., S. 85.
170 Ebd., S. 84.
171 Anders: Antiquiertheit des Menschen I, S. 58.
172 Arthur Schopenhauer: Handschriftlicher Nachlass (zit. nach Julius Frauenstädt: Schopenhauer-Lexikon. Ein philosophisches Wörterbuch nach Arthur Schopenhauers sämtlichen Schriften und handschriftlichem Nachlaß, 1871, S. 373.
173 Günther Stern: Philosophische Untersuchungen über musikalische Situationen (Typoskript aus dem Nachlass Günther Anders), S. 46.
174 Ebd., S. 36 f.
175 Ebd., S. 51.
176 Georg Wilhelm Friedrich Hegel: Ästhetik III, S. 156. Heidegger führt in diesem Zusammenhang die »Sorge« als Grundemotion des Menschen gegenüber seiner Zeitlichkeit und Endlichkeit an.
177 Georg Wilhelm Friedrich Hegel: Enzyklopädie II, S. 49.
178 Jacques Handschin: Der Toncharakter. Eine Einführung in die Ton-

psychologie, 1995, S. 118 (zit. nach Bernhard Billeter/Dominik Sackmann: Musiktheorie und musikalische Praxis. Die Musik in Hegels Ästhetik, S. 85).

179 Vgl. Hegel: Ästhetik I, S. 19.

180 Hegel: Ästhetik II, S. 281.

181 Hegel: Ästhetik III, S. 135.

182 Edmund Husserl: Cartesianische Meditationen und Pariser Vorträge, S. 52.

183 Mit dieser Erkenntnis gerät Anders mit seinem Lehrmeister in eine Art medialen Streit. Denn Husserls »Bevorzugung des Optischen in der Phänomenologie« hatte zur Folge, dass er im spezifisch Optischen hängen blieb. Sein Ansatz war hinsichtlich akustischer Analysen schlichtweg unvollständig. Deshalb versetzten Husserl deren gemeinsame phänomenologische Analysen der nicht-optischen Sinne »›in große Verlegenheit‹, ›weil bei diesen seine angeblich schlechthin gültige Unterscheidung zwischen intentionalem Akt und intentionalem Gegenstand dubios wurde.‹« (Anders, Interviews, 26, zit. nach Reinhard Ellensohn, Der andere Anders. Günther Anders als Musikphilosoph, S. 30). Anders erkannte in der Vernachlässigung des Akustischen eine »mediale« Lücke und erklärte sie zum Desiderat seiner »Phänomenologie des Zuhörens«.

184 Ellensohn: Der andere Anders, S. 30.

185 Hegel: Ästhetik III, S. 133.

186 Günther Stern: Philosophische Untersuchungen über musikalische Situationen (Typoskript aus dem Nachlass Günther Anders), 1930/31, S. 143.

187 Ebd., S. 129 f., S. 137.

188 Vgl. Liessmann: Günther Anders, S. 90.

189 Liessmann: Das Universum der Dinge, S. 79.

190 Anders stellt im Zuge seiner Kritik der Inflation von Inhalten an diversen Stellen Verbindungen zur oralen Phase der Menschheitsgeschichte her (vgl. hierzu exemplarisch Anders: Antiquiertheit des Menschen I, S. 109 f.). Diese wird prägnant veranschaulicht am ständig zugänglichen gut gefüllten (Musik-)Schoppen, der den Einzelnen zu permanentem »Saugen« konditioniert.

191 Adorno: Arnold Schönberg. In: Kulturkritik und Gesellschaft I (GS 10), S. 184.

192 Vgl. ebd., S. 157.

193 Vgl. Kuribayashi Nittono: High Resolution Audio with Inaudible High-Frequency Components Induces a Relaxed Attentional State without Conscious Awareness, S. 119.

194 Markus Pauli: Fette Beats, dünne Daten. Die Geschichte von MP3. 2014, zit. nach Schmitt: Medienkritik zwischen Anthropologie und Gesellschaftstheorie. Zur Aktualität von Günther Anders und Theodor W. Adorno, S. 178 f.

195 Ebd.

196 Ebd.

197 Oliver Haustein-Teßmer/Lars Winckler: Wie MP3 die Qualität der Musik zerstört hat, 2008, unter: www.welt.de/wirtschaft/webwelt/article1721723/Wie-MP3-die-Qualitaet-der-Musik-zerstoert-hat.html [29.10.2020]. Hier muss natürlich berichtigend vom Klang der Musik gesprochen werden und nicht von der Musik selbst, wobei die Disziplin des Komponierens im sekundären Effekt sicherlich auch darunter leidet.

198 Ebd.

199 Thomas Jüngling: Warum uns komprimierter Digitalklang so nervt, 2013, unter: http://www.welt.de/wissenschaft/article120646901/Warum-uns-komprimierter-Digitalklang-so-nervt.html [29.10.2020].

200 Ebd.

201 »So jedenfalls könnten die Ergebnisse der Versuche des Komponisten und Professors Jonathan Berger interpretiert werden, der über mehrere Jahre mit [...] Studenten die Qualität von verschiedenem Audiomaterial verglich. In Blindtests und auf einer qualitativ hochwertigen Anlage spielte er ihnen Ausschnitte von Musikstücken in unterschiedlichen Bitraten vor. Die Musikausschnitte in der höheren Audioqualität erhielten jedoch nicht automatisch den Vorzug. Im Laufe der Jahre wurden sogar MP3s in niedriger Bitrate bevorzugt. Berger fiel auf, dass in diesen bevorzugten Musikausschnitten viele hochfrequente Geräusche enthalten sind. Beckenschläge, Blechbläser, viel Percussion – wenn diese laut vorkamen, wurden diese Musikausschnitte ganz klar in niedrigen Bitraten bevorzugt«. Markus Pauli: Fette Beats, dünne Daten. Die Geschichte von MP3. 2014, zit. nach Schmitt: Medienkritik zwischen Anthropologie und Gesellschaftstheorie. Zur Aktualität von Günther Anders und Theodor W. Adorno, 2020, S. 268. – Wichtig ist es, an dieser Stelle anzumerken, dass die Schwierigkeit des Auseinanderhaltens von Original und MP3 nicht zur Debatte stehen soll. Sie wird nicht bezweifelt. Kritisch zu fokussieren ist hier vielmehr die Ausblendung der Effekte, die unbewusst vonstattengehen. Fakt bleibt: »MP3 beruht auf Kompression, und Kompression geht mit Qualitätsverlust einher« (Arnold Picot, Digital Rights Management, S. 146). »Manche Forscher vermuten, dass Gehirne von Menschen, die schon als Jugendliche

ausschließlich MP3-Musik hören, später die Lücken in den komprimierten Klängen nicht mehr füllen wollen und von schlechter Qualität völlig unberührt bleiben« (Jüngling, 2013, unter: www.welt.de/wissenschaft/article120646901/Warum-uns-komprimierter-Digitalklang-so-nervt.html [29.10.2020]).

202 Adorno: Über den Fetischcharakter in der Musik und die Regression des Hörens. In: Dissonanzen. Einleitung in die Musiksoziologie (GS 13), S. 39.

203 Adorno: Philosophie der neuen Musik (GS 12), S. 9.

204 Hans Zimmer im Interview im Dokumentarfilm »Distortion of Sound« unter: https://www.youtube.com/watch?v=mDZcz-V29_M [29.10.2020] ab Minute 2:05.

205 Hannah Arendt: Vita Activa oder Vom tätigen Leben, S. 49 ff.

206 Ebd.

207 Vgl. Jürgen Habermas: Strukturwandel der Öffentlichkeit, S. 248 ff.

208 Vgl. Ferdinand Tönnies: Gemeinschaft und Gesellschaft. Grundbegriffe der reinen Soziologie, S. 3.

209 Vgl. Habermas: Strukturwandel der Öffentlichkeit, S. 142 ff.

210 Vgl. Janis Krums' Tweet unter: https://twitter.com/jkrums/status/1121915133?lang=de [29.10.2020].

211 Vgl.: https://www.spiegel.de/netzwelt/web/facebook-video-aus-falcon-heights-frau-streamt-nach-polizei-schuessen-live-a-1101765.html [29.10.2020].

212 Luhmann: Realität der Massenmedien. 2009, S. 9.

213 Patrick Rössler: »Agenda Setting«. Theoretische Annahmen und empirische Evidenzen einer Medienwirkungshypothese, S. 29.

214 Bernard Cecil Cohen: The Press and Foreign Media, S. 13 (zit. nach Rössler: Agenda-Setting, S. 23).

215 Vgl. Tobias Hämmerle: Die zeitgenössische Flugblatt-Propaganda zu Gustav Adolf von Schweden (1630–1635), 2016, unter: http://othes.univie.ac.at/43229/ [4.11.2020].

216 Ovid: Metamorphosen XII, S. 437 f.

217 Georg Restle: Stürmische Zeiten – Was dürfen Medien? unter: https://www1.wdr.de/daserste/monitor/interaktiv/blog-was-duerfen-medien-100.html [29.10.2020].

218 Barry Levinson, Regisseur und Produzent des Filmes »Wag the Dog«, zitiert nach dem dokumentarischen Hintergrundmaterial »Von Washington nach Hollywood« der DVD »Wag the Dog« erschienen bei Concorde Home Entertainment, produziert von Mark Rance; Min. 23, Sek. 30.

219 Adorno: Erziehung zur Mündigkeit, S. 100.

220 Vgl. die zur Mediennutzung in Deutschland erhobenen Daten vom 17.9.2019 unter https://de.statista.com/statistik/daten/studie/165834/umfrage/taegliche-nutzungsdauer-von-medien-in-deutschland/ [29.10.2020].

221 Adorno/Horkheimer: Dialektik der Aufklärung, S. 153.

222 Vgl. bei Tina Groll: Immer weniger Arbeitnehmer sind organisiert, die Zahlen zu Gewerkschaftsmitgliedern im Jahre 2014, unter: http://www.zeit.de/karriere/2014-10/gewerkschaften-mitglieder-weltweit [29.10.2020]; vgl. auch die Entwicklung der Leiharbeit in Deutschland bei Oliver Nachtwey: Die Abstiegsgesellschaft. Über das Aufbegehren in der regressiven Moderne, hier insbes. seine Ausführungen zur Leiharbeit (S. 98 ff.) und zur Regression der sozialen Staatsbürgerschaft (S. 114 ff.).

223 Spiegel Online: Neue Studentengeneration – Hauptfach Egoismus, 2014, unter http://www.spiegel.de/lebenundlernen/uni/studie-studenten-sind-unpolitisch-und-konsumorientiert-a-999294.html [29.10.2020].

224 Adorno/Horkheimer: Dialektik der Aufklärung, S. 153.

225 Morozov: Eine humane Gesellschaft durch digitale Technologien?, S. 27.

226 Adorno: Marginalien zu Theorie und Praxis. In: Kulturkritik und Gesellschaft II (GS 10), S. 772.

227 Anders: Antiquiertheit des Menschen I, S. 201.

228 Ebd., S. 203.

229 Vgl. Adorno: Marginalien zu Theorie und Praxis. In: Kulturkritik und Gesellschaft II (GS 10), S. 772.

230 Byung-Chul Han: Psychopolitik. Neoliberalismus und die neuen Machttechniken, S. 69.

231 Nachtwey: Abstiegsgesellschaft, S. 179.

232 Ebd., 178.

233 Ebd., 179.

234 Frank Sindermann: Gamification oder nur ein weiteres Bewertungssystem? Classcraft im Klassenzimmer, unter: https://www.bpb.de/lernen/digitale-bildung/werkstatt/236427/gamification-oder-nur-ein-weiteres-bewertungssystem-classcraft-im-klassenzimmer [29.10.2020].

235 Sue Blackmore: A Great Internet Meme's Never Gonna Give You Up, unter: https://www.theguardian.com/commentisfree/2011/mar/18/internet-meme-never-gonna-give-you-up [29.10.2020].

236 Einen Präzedenzfall für das beschriebene Phänomen stellt das offiziell erste große Internetmem, der »TechnoViking«, dar. Die zu-

gehörige Dokumentation ist zugänglich unter: https://vimeo.com/139356305 [29.10.2020]. Die juristische Problematik ist zu sehen ab Min. 36:10.

237 Morozov: Smarte neue Welt, S. 268.

238 Anne-Sophie Schmidt: Die neuen Rechten sind nur ein paar Mausklicks entfernt, unter: https://www.fu-berlin.de/campusleben/campus/2019/190724-gsa-johannes-von-moltke/index.html [29.10.2020].

239 Zeynep Tufekci: YouTube, the Great Radicalizer, unter: https://www.nytimes.com/2018/03/10/opinion/sunday/youtube-politics-radical.html [29.10.2020].

240 Mark Zuckerberg, zit. nach Ursula Scheer, Tod vor Publikum, unter: http://www.faz.net/aktuell/feuilleton/medien/auf-facebook-wurden-die-schuesse-von-dallas-live-uebertragen-14335723.html [29.10.2020].

241 Sören Musyal/Patrick Stegemann: Die rechte Mobilmachung: Wie radikale Netzaktivisten die Demokratie angreifen, 2020, S. 19 f.

242 Vgl. Fogg: Persuasive Technology, S. 211 ff.

243 Immanuel Kant: Grundlegung zur Metaphysik der Sitten, S. 30.

244 Max Schrems im Interview mit der Tagesschau am 16.7.2020 unter: https://www.tagesschau.de/ausland/eugh-datentransfer-schrems-101.html [29.10.2020].

245 Jürgen Habermas: Kants Idee des ewigen Friedens – aus dem historischen Abstand von 200 Jahren. 1995, S. 204.

246 Anders: Antiquiertheit des Menschen II, S. 217.